Ein

Für meine Familie,
meinen Freundeskreis und alle,
die sich wenigstens ein bisschen Humor
erhalten haben

Isa Salomon

Ein Regenwurm war so allein

...

Erlebtes, Erdachtes,

Stibitztes

Bibliografische Information der Deutschen Bibliothek:
Die Deutsche Bibliothek verzeichnet diese Publikation in der
Deutschen Nationalbibliografie; detaillierte Daten sind im Internet
über
<http://dnb.ddb.de> abrufbar.

© 2006 Isa Salomon
Herstellung und Verlag: Books on Demand GmbH, Norderstedt
ISBN 3-8334-5059-2

*Wie wohl ist dem, der dann und wann
sich etwas Schönes dichten kann!*

Wilhelm Busch (aus: Balduin Bählamm)

Recht hat er, der alte Wilhelm Busch.
Das Dichten allerdings
überlassen wir lieber den Dichtern,
aber ein bisschen reimen,
ein paar Verse machen,
das ist ein Hobby, das Spaß macht,
das man jederzeit und an jedem Ort ausüben kann,
das die Gehirnzellen anregt,
das fast nichts kostet
und mit dem man manchmal auch anderen
eine kleine Freude bereiten kann.

Mal fällt es leicht – mal fällt es schwer

Wie beginnt man am besten mit seinem Gedicht?
Wer weiß das? Weißt du es? Ich weiß es nicht.
Schon viel hundert Male hab ich es versucht
und mindestens zehnmal so oft auch verflucht.

Rein zufällig entstehen im Kopf zuweilen
zwei, vier vortrefflich sich reimende Zeilen,
man verliebt sich in sie und beißt sich dran fest;
nun fehlt aber noch der weit größere Rest.

Ganz selten nur fängt man am Anfang an,
dann ist auch schon Sense, es geht nicht voran.
Und manches Mal steht als Erstes der Schluss,
der Anfang aber bereitet Verdruss.

Statt selig zu schlafen, zu träumen bei Nacht,
wird schweigend oft Verslein auf Verslein gemacht.
Im Dunkeln, bei Stille, da fällt das nicht schwer ...
Am Morgen ist 's weg, da weiß man nichts mehr.

Doch auch bei Tag, überall, immerzu,
lässt so ein Hobby dir keineswegs Ruh.
Sei es beim Kochen, beim Waschen, beim Putzen,
jede Minute möchtest du nutzen.

Im Wald, in der U-Bahn, im Wartesaal
verfolgt dich dein Reim, er wird förmlich zur Qual,
du zählst die Silben ab, Finger für Finger ...
Wofür schuf Gott dir denn sonst diese Dinger?

Das, was sich reimt, wird blitzschnell notiert,
bei Zeit und Gelegenheit aussortiert,
Zettelchen hier und Zettelchen da,
versteckt in der Hose, versteckt im BH,

dass niemand dein wüstes Gekritzel erblickt,
womöglich erklärt der dich noch für verrückt.
Abfällig wird er die Stirne runzeln
oder nur mitleidig über dich schmunzeln.

Hast du es fertig, dein neues Gedicht,
befriedigt es dich bei weitem noch nicht,
dann änderst du, streichst oder reimst sogar neu
und grade das ist ja der Reiz dabei.

An diesem hier feile ich und das ist wahr,
mit Pausen natürlich, schon über ein Jahr.
Vermutlich wird das noch weiter so gehn,
bis ich beschließe: So lass ich es stehn!

Und bin ich mal nicht mehr auf dieser Welt,
dann ist es mir Wurscht, ob und wem es gefällt.

Schweinchens größter Wunschtraum

Bin leider nur ein armes Schweinchen,
mein Bauch ist rund, mein Pöter dick,
hab kleine Äuglein, kurze Beinchen ...
Man hört zwar oft: Ein Schwein bringt Glück!
Wer glaubt denn schon so ein Gerücht?
Ich nicht!

Werd ich ein zweites Mal geboren,
wünsch ich mir Augen wie ein Luchs,
vom Hasen hätt ich gern die Ohren,
den wunderschönen Schwanz vom Fuchs,
die Größe wie ein Elefant,
so imposant,

den langen Hals von der Giraffe,
ein Hirschgeweih auf meinem Kopf,
möcht so geschickt sein wie ein Affe,
geschmückt sein wie ein Wiedehopf,
wünsch mir die Beine der Gazelle,
ganz schnelle.

Hätt ich dann noch der Flügel zwei
vom Adler oder Geier,
wär bunt so wie ein Papagei
und legte Hühnereier
und könnt ich schwimmen durch das Meer ...
Was will man mehr?

Vom Igel so ein Stachelkleid,
das schützt mich ganz gewiß
und wichtig wär mir – nur kein'n Neid! –
vom Löwen das Gebiß,
vom Stinktier den Gestank dazu,
dann hätt ich Ruh,

die Zunge vom Chamäleon,
die Zeit mir zu vertreiben,
die Rüsselnase hab ich schon,
die darf als einz'ges bleiben.
Mit der kann ich gut schnüffeln
nach Trüffeln.

Ach ja, ich wünsch mir allerhand.
O Mann, das würde fetzen!
Nun fehlt mir nur noch der Verstand,
um all mein Glück zu schätzen.
Der aber sagt mir: Lass es sein!
Ich seh 's ja ein.
Ich bleib ein Schwein.

Das Schweinchen

Das Schweinchen, das Schweinchen
hat kurze dicke Beinchen,
frisst, was es kriegt in sich hinein,
wird bald wie eine Kugel sein.

Rat mal, wer ich bin!

Ein Zebra, das ist hübsch gestreift,
doch leider nur schwarzweiß.
Auch ich hab Streifen, die sind bunt
und ringeln sich im Kreis.

Ein Zebra, das ist riesengroß
und schnell, es hat vier Beine.
Ich bin dagegen ziemlich klein
und habe leider keine.

Ein Zebra, das ist recht bescheiden,
trinkt Wasser aus dem Fluss.
Ich fresse frische Kräuter gern
und leb auf großem Fuß.

Ein Zebra haust in trockner Steppe,
das ist schon ziemlich arg.
Ich aal' mich im Gemüsegarten
und manchmal auch im Park.

Ein Zebra kann sich kaum verstecken,
vor Löwen nimmt 's Reißaus.
Ich krieche, wenn 's gefährlich wird,
ganz einfach in mein Haus.

Hier kann mir niemand etwas tun,
ich rühr mich nicht vom Flecke.
Wer also bin ich? Weißt du 's nun?
Die niedliche Hainschnirkelschnecke!

Pech

Den Frosch im grünen, grünen Gras,
den ärgert dies, den ärgert das ...
Nie wollt es ihm gelingen,
was andre Frösche fingen.

Die Fliegen schwirrten um ihn rum,
das wurde unserm Frosch zu dumm.
Er hat sich 's nicht verziehn.
Nun ärgert er sich grün.

Chaos

Die Kellerassel saß unter dem Stein
mit vielem anderen Krabbelgetier.
Hier wegzugehen fiel ihr nicht ein,
nur hier gefiel es ihr.

Da kam eines Tages der böse Klaus
und kippte den Stein einfach um.
Die Würmer und Käfer, die nahmen Reißaus
und rannten sich um und dumm.

Ojemine!, rief da die Assel,
so ein Schlamassel!

So was kommt von so was

Ein kleines Schweinchen,
namens Hänschen,
stand tiefbetrübt im Stall.
Es hätt zu gern ein Ringelschwänzchen
wie die andern all'.

Das Hänschen ärgerte sich sehr,
sein Schwanz hing schlaff herab.
Da half ein freundlicher Friseur
mit seinem Lockenstab.

Der Schwanz,
der nun zwar nicht mehr hängt,
ist ganz versengt!

Saure Gurke

'ne Gurke liegt im Gurkenfass
mit andern Gurken, eng und nass
im Essigbad, geschmückt mit Dill,
und niemand fragt, ob sie das will.
Ihr passt das gar nicht auf die Dauer.
Nun ist sie sauer.

Im eiskalten Januar

Im Baum auf dem Ast, unbeweglich und stumm,
hockt täglich ein sandfarbnes Täubchen herum
bei klirrender Kälte, es ist nicht zu fassen!
Ich kann meinen Blick einfach nicht von ihm lassen.

Es sitzt da im Kalten und ich hab es warm.
Ich hab gut zu essen, das Täubchen ist arm.
Es braucht was zu futtern, sonst geht es noch ein.
Ich denk, in der Kammer wird sicher was sein,

vielleicht ein paar Körner, vielleicht etwas Reis.
Brot soll man nicht füttern bei Kälte und Eis.
Schnell auf, die Balkontür, das Futter gestreut
und schnell wieder zu! Nun ist alles bereit.

Komm rüber, mein Täubchen, beweg dich vom Fleck,
sonst fressen 's die anderen Vögelchen weg!
Sie tut so, als hätte sie gar nichts gesehn.
Ich schaue und warte. Was wird wohl geschehn?

Da landet ganz plötzlich ein pfiffiger Spatz.
Bald sind 's an die zwanzig; die haben kaum Platz.
Das ist ein Gehüpfe, so lustig und munter,
trotz fünfzehn Grad Kälte, vielleicht sogar drunter.

Und schnappt auch mal einer im Eifer ganz keck
dem andern ein Korn unterm Schnäbelchen weg,
wird weitergefressen, es gibt keinen Streit;
nur fressen ist wichtig, denn Streit kostet Zeit.

Ich komm nicht zur Arbeit, schau immer nur zu …
Ein Flügelgeflatter! Und plötzlich ist Ruh.

Der Schwarm, der ist weg und das Näpfchen ist leer.
Erst jetzt kommt das sandfarbne Täubchen daher
und es gurrt und es guckt und es kann es kaum fassen:
Nichts haben die Spatzen ihm übriggelassen!

Tja, Täubchen, nun schaust du dich hungrig hier um.
Was kommst du nicht früher? Ach, bist du doch dumm!
Bescheiden wie 's ist, kam es leider zu spät.
Ich muss noch was holen, ich denke, das geht.

Da ist auch das Näpfchen schon wieder gefüllt.
Nun komm schon, mein Täubchen, den Hunger gestillt!
Beeil dich, sonst werden dir wieder die Spatzen
ganz kess vor der Nase dein Frühstück verpatzen.

Tatsächlich! Sie kommt. Und sie läuft hin und her,
sie pickt auch ein Körnchen und dann ein paar mehr …
Da landet ein Spatz, dann der zweite, der dritte,
sie fühlt sich beengt und bedrängt in der Mitte.

Ganz ängstlich nach links und nach rechts irrt ihr Blick.
Schon schwärmen die anderen Spatzen zurück
und zwitschern und lärmen vor Eifer und Freude.
Jedoch unser Täubchen sucht schleunigst das Weite.

Ach, Täubchen, mein Täubchen, begreifst du das nie?
Warum fliegst du weg? Bist doch größer als sie!
Du bist schon ein Dummchen, hast Angst vor den Kleinen.
Die sind auch nur stark, wenn sich alle vereinen.

So ist das eben

Ein Pinguin, ein Pinguin
sieht niemals Rot, sieht niemals Grün.
Er sieht nur immer Schwarz und Weiß:
Schwarz ist sein Frack, weiß ist das Eis.

Dem Eisbär'n geht das ebenso.
Grün sieht der Ärmste nirgendwo.
Er sieht den ganzen Tag nur Weiß:
Weiß ist sein Pelz, weiß ist das Eis.

Den blauen Himmel sehn sie beide,
doch niemals hatten sie die Freude,
sich gegenseitig mal zu sehn.

Warum?
Na? Überleg mal schön!

Der Eisbär

Der Eisbär, der Eisbär,
der wohnt direkt am Eismeer.
Ihm wär's zu heiß in Afrika,
drum bleibt er vorsichtshalber da.

Februar '88

Der Winter, der hält Winterschlaf
seit einundsiebzig Tagen!
Die Kinder, sonst so still und brav,
die nerven jetzt mit Fragen:
Wann kommt der Winter, wann der Schnee?
Wann friert er endlich zu, der See?
So gerne woll'n wir rodeln gehn,
Eisblumen an den Fenstern sehn
und dicke lange Zapfen,
durch weiße Watte stapfen
und, fängt es an zu tauen,
'nen lust'gen Schneemann bauen.
Und was am meisten Freude macht,
ist eine wilde Schneeballschlacht!

Doch der Dezember war sehr warm,
der Januar kein Winter,
auch warteten im Februar
vergebens alle Kinder.
Jetzt aber wird der Winter wach
und heftig holt er alles nach.
Im Februar, am letzten Tag,
da zeigt er, was er so vermag.
Da endlich wird er richtig munter
und dicke Flocken wirbeln runter.
Wie Puderzucker eins, zwei, drei
wird alles weiß durch Zauberei.
Fast weihnachtlich wird mir ums Herz ...
Doch vor der Tür steht schon – der März!

Eine Nachtigall – im März?

Hör ich recht? Da ist sie wieder
hier in unsrer großen Stadt,
trällert ihre schönsten Lieder,
ob sie sich verflogen hat?

Suchend schaue ich nach oben.
Wo nur hält sie sich versteckt?
Auf dem Schornstein ganz hoch droben
hab ich endlich sie entdeckt.

Weithin hallt ihr süßer Ton
und ihr Lied klingt froh und frei.
Andre Vögel schlafen schon,
doch das ist ihr einerlei.

Unerreicht ist ihr Gesang,
dass man alles gleich vergisst.
Unsrer Nachtigall sei Dank!
Doch – ob 's wirklich eine ist?

Das Storchenpaar

Das Storchenpaar, das Storchenpaar,
das sieht man nie im Januar.
Im Herbst fliegt es nach Afrika,
im Frühling ist es wieder da.

Rekordverdächtig!

Sieh doch nur! Er ist schon da,
der erste Storch aus Afrika,
der allererste weit und breit!
Er hätte doch noch so viel Zeit!

Ich weiß nicht, was er hier schon will;
noch ist es März und nicht April.
Kann sein, des Nachts bei Minusgraden
erfriert der Ärmste sich die Waden!

Mit rotem Schnabel, kalt wie Eis,
mit Eifer, Ehrgeiz und viel Fleiß
baut er ein Nest für seine Braut.
Die hat sich noch nicht her getraut.

Er flickt und strickt an seinem Nest
und bald schon ist es groß und fest
hoch auf dem Mast in luftiger Höh.
Mir schwindelt 's, wenn ich ihn da seh.

Ich frag mich nur: Ist er verwirrt?
Hat er sich in der Zeit geirrt?

Jetzt weiß ich 's: Das ist ein Versuch!
Der Kerl will nur ins Guinnessbuch!

Wer liebt wen?

Die Hildegard liebt Eduard,
der fleißig für ein Häuschen spart;
Maria aber findet Marc
sehr stark.

Der Emil liebt die Erika,
doch die sagt immer „nein" statt „ja".
Beate hat den dicken Bobby
als Hobby.

Die Hannelore trifft mit Horst
am liebsten heimlich sich im Forst.
Alf bleibt viel lieber mit Jeannett
im Bett.

Regina ist in Reginald
seit Karneval total verknallt
und Anja findet Alois
so süß.

Die Nancy schielt nur noch nach Andy;
der hat ein ganz besond'res Handy.
Und Lu verkehrt mit ihrem Max
per Fax.

Der Ingelore ihr Gebieter,
das ist der Polizist Hans-Dieter
und Ruth hängt wie ein treuer Köter
an Peter.

Babett verführt den Ottokar,
der früher ziemlich schüchtern war,
und Gundula geht fremd mit Gunther,
mitunter.

Nicole geht ohne Nikolaus
am liebsten gar nicht aus dem Haus;
die Gudrun steht auf Hagen,
seit Tagen.

Treu ist die Frieda ihrem Fritz,
der hat im Kittchen seinen Sitz.
Die Gundel schielt verschämt nach Sepp,
den Depp.

Marina fing mit Marian
zum x-ten Mal von vorne an
und Barbara mag Bruno
statt Kuno.

Claire hat nur Augen für den Nick,
doch leider nickt der nie zurück.
Auch Danas Liebe zu André
tut manchmal weh.

Für Wanda ist der dicke Walter
vielleicht ein guter Freund fürs Alter.
Auch Vera findet ihren Wim
nicht schlimm.

Ramona liebt nur Roderich,
der aber liebt nicht sie, nur sich.
Kathleen scherzt öfter nebenbei
mit Kay.

Ottilie klammert sich an Otto.
Kein Wunder: Der gewann im Lotto.
Auch Lena rückt den reichen Klaus
nicht raus.

Burglinde ist von Balduin
ganz hin und her und her und hin
und Nelly findet Nepomuk
sehr schmuck.

Cornelia und Cornelius
verschmelzen fast bei jedem Kuss.
Die Thea tut 's mit Theobald
im Wald.

Britt ist vernarrt in Bastian,
kam der doch mit Brillianten an.
Susanne lernt von ihrem Fred,
wie 's geht.

Die Loni liebt den Leonard,
denn der behandelt sie so zart.
Mich int'ressiert jedoch nur einer:
mein Heiner.

Teure Schnäppchen

Beim Schlussverkauf, das ist ganz klar,
gibt's billig, was sonst teuer war.
Wer wenig Geld hat, doch viel Zeit,
der ist zur Schnäppchenjagd bereit.

Ein Jäger jagt zumeist im Wald;
die Schnäppchenjäger lässt das kalt.
Die jagen nur nach Billigwaren
und freu'n sich, wenn sie ordentlich sparen.
So war es jüngst in Köpenick,
denn Schnäppchenjagd ist nun mal schick.

Vorm Supermarkt wälzt sich schon lange
vor Ladenöffnung eine Schlange,
die voller Spannung stiert und lauert:
„Wie ewig das nun wieder dauert!"
Ein paar Minuten noch und dann
hinein und an die Schnäppchen ran!

Da aber mogelt sich vom Ende
der Warteschlange ganz behände,
mit Ellenbogen eins, zwei, drei,
schwupp, eine Rentnerin vorbei.
Die weiß sehr wohl, das ist nicht richtig
und plötzlich wird die Schlange giftig.

Die ganze aufgebrachte Menge
droht ihr mit Fäusten und mit Senge.

Da werden Weiber zu Hyänen,
vor allem eine hier von denen:
Frau Schulz, 'ne Hausfrau und Friseuse,
die macht ein ziemliches Getöse,
weicht absolut nicht von der Stelle,
holt aus und landet blitzeschnelle
mit kräft'gem Schlag und viel Gewicht
der Dränglerin in ihr'm Gesicht.

Die fällt gleich um, sieht nur noch Sterne ...
Die Schnäppchen rücken in die Ferne.
Und schon nach einem kleinen Weilchen
schmückt ihr Gesicht ein lila „Veilchen".
Die Polizei hat zu bemängeln
der Frauen rücksichtsloses Drängeln.

Doch die Friseuse traf es stark:
Eintausend und fünfhundert Mark
hat sie an Strafe hinzublättern.
Da hilft kein Zetern, hilft kein Wettern.
So sehr sie sich auch winden mag,
das war wohl heute nicht ihr Tag.

So kommt Frau Schulz von selber drauf:
Nichts spart der Mensch beim Schlussverkauf.

Schüttelreim

Ich muß noch rasch die Haare waschen,
dann aber los! Nach Ware haschen!

Das wüßte ich schon gern!

Ein's lässt mir einfach keine Ruh:
Wie macht denn nur ein Känguru?

Es macht nicht „quiek!", es macht nicht „quak!",
es grunzt auch nicht den ganzen Tag,
es blökt nicht „mäh!" und auch nicht „muh!"
Wie macht nur so ein Känguru?

Es schnattert nicht, macht nicht „miau!",
nicht „gack, gack, gack!" und nicht „wau, wau!",
kräht niemals „kikerikiki!"
und zwitschern tut es sicher nie.

Es gurrt auch nicht „ruguh, ruguh!" …
Wie aber macht ein Känguru?
Ob es wohl faucht, brüllt oder röhrt?
Ich hab noch niemals eins gehört.

Nun überleg ich immerzu …
Wer kann 's mir sagen? Vielleicht du?

Das Känguru

Das Känguru, das Känguru
hat einen Beutel, doch wozu?
Da hockt das Känguruchen drin
und schaukelt munter her und hin.

Übermut tut selten gut

Kätzchen hält es nicht im Haus,
tobt und springt voll Übermut,
möchte möglichst hoch hinaus:
Klettern! Das wär gut!

Kraxel, kraxel, auf den Baum!
Hui! Das geht ganz munter.
Oben angekommen kaum,
will es lieber runter.

Aber, ach, wie soll das gehn?
Sorgenfalten im Gesicht!
Rauf, das ging doch wunderschön,
warum runter nicht?

Tja, nun sitzt es auf dem Ast
zwischen kahlen Zweigen,
sieht nach ungewollter Rast
bald den Tag sich neigen.

Sonne scheint schon lang' nicht mehr,
sachte naht die Dunkelheit.
„Wenn ich doch nur unten wär!"
Doch das ist so weit!

Regen tröpfelt schon hernieder,
macht das hübsche Fellchen nass.
Kätzchen schließt die müden Lider,
sicher träumt es was,

träumt von seinem weichen Kissen,
träumt von weißer Milch, so frisch,
wird wohl drauf verzichten müssen,
auch auf Fleisch und Fisch.

Wolken, düster aufgetürmt,
ängstigen das Kätzchen sehr
und es schaukelt, weil 's so stürmt,
heftig hin und her.

Schließlich hagelt 's und gewittert.
Petrus meint es gar nicht gut.
Wie das arme Tierchen zittert!
Wo ist all sein Mut?

Irgendwann vergeht die Nacht.
Kätzchen denkt: Jetzt ab nach Haus!
Doch da hat es falsch gedacht,
es sieht nicht so aus.

Lausig kalt ist dieser März
und der Ast so hart und nackt.
Das so kleine Katzenherz
klopft erregt im Takt.

Kätzchen hält 's nun schon seit Tagen
in dem kahlen Wipfel aus,
voller Angst, mit leerem Magen.
Schöner wär 's zu Haus!

Mal gibt 's Schnee, mal gibt es Reif,
Nebel, Hagel, Regen …
Alle Pfötchen sind schon steif,
kaum noch zu bewegen.

Von hier oben gut zu sehn
sind die Menschen, sehr geschäftig.
Ja, die Aussicht ist zwar schön,
doch der Hunger mächtig!

Kätzchen schnuppert, denn es riecht
plötzlich leichten Essenduft.
Fressen aber gibt 's hier nicht,
nur viel frische Luft.

Langsam wird es unerträglich.
Warum hilft ihr keiner?
Kätzchen maunzt enttäuscht und kläglich:
„Hört mich denn nicht einer?"

Eine Woche ist vergangen,
da hat jemand wiederholt
Kätzchens Töne eingefangen
und die Feuerwehr geholt.

Laut hört man „tatütata!"
und zum Glück noch nicht zu spät,
schnell ist eine Leiter da
weil 's nicht ohne geht.

Einer von der Feuerwehr
greift den Stubentiger.
Anfangs sträubt der sich noch sehr,
doch der Mann bleibt Sieger.

An der starken Männerbrust
ist ein sich'res Plätzchen,
da hinein krallt voller Frust
sich das kleine Kätzchen.

Jemand aus der Nachbarschaft
holt ein bisschen Essen,
denn das Kätzchen braucht jetzt Kraft,
muss erst mal was fressen.

Und vor allem braucht es Schlaf,
kriegt ein weiches Kissen
und da träumt es nun ganz brav,
was, kann niemand wissen.

Schließlich darf das Kätzchen raus,
einfach durch die Gartentür,
findet schon allein nach Haus,
wohnt bestimmt gleich hier.

Frauchen freut sich wirklich mächtig,
hätte viele Fragen:
wo es war, es ist so schmächtig!
Kätzchen kann nichts sagen,
macht sich lang und tut dabei,
als ob nichts gewesen sei.

Gassi gehen macht Freunde

Als ich in der Zeitung las:
„Gassi gehen macht Freunde",
dachte ich, das sei ein Spaß
und gemeint sind „Feinde".

Nein, genau wie es dort steht,
ist es also Fakt:
Wer mit Bello Gassi geht,
findet schnell Kontakt.

Hunde, die mit Herrchen rennen,
rempeln Frauchen an
und so lernen sie sich kennen;
also ist was dran.

Doch wenn Hunde Gassi gehn,
woll'n sie nicht nur laufen.
Überall, wohin wir sehn:
Haufen, lauter Haufen!

Hat man aber keinen Hund,
hat man kein Verständnis
für die vielen Häufchen und
kommt zu der Erkenntnis:

Gassi gehen, das ist wahr,
macht vermutlich Freunde,
doch es schafft, auch das ist klar,
ebenso viel Feinde.

Der Hobby-Laubenpieper

Manch einer kann es kaum erwarten:
Im Frühjahr zieht 's ihn in den Garten.

Da wird gepflanzt, gesteckt, gesät
und auch gedüngt, so gut es geht.
Da wird geackert unverdrossen
und schließlich alles gut begossen.

Du hoffst auf Sonne, hoffst auf Regen
und Regenwürmer, die sich regen
und die die Erde schön zerwühlen,
dass luftig sich die Pflanzen fühlen.

Es rinnt die Zeit, es rinnt der Schweiß;
leicht ist das nicht, wie jeder weiß.
Und bist du abends auch geschafft,
am nächsten Tag: frisch aufgerafft!

Und ran ans Werk, schmerzt auch der Rücken,
nichts geht von selbst und ohne Bücken.
Du wirst belohnt für diese Plage:
Die Welt wird schöner alle Tage.

Verfluchst du manchmal auch den Garten,
im Frühjahr kannst du 's kaum erwarten,
da hast du Hummeln schon im Hintern.

(Jetzt weiß ich, wo die überwintern!)

Pfiffig

Ein Regenwurm war so allein,
viel lieber wäre er zu zwei'n.
Da teilte er aus Langerweile
sich in zwei Teile.

Zuviel des Guten

Die dicke Schnecke fraß und fraß.
Drauf hat sie Bier getrunken …
Sie wagte sich zu tief ins Glas.
Plumps!, ist sie drin versunken.

Schlechter Traum

Ein Mäuschen träumte lange schon
von einem Riesen-Luftballon.
Das wäre wirklich schön!

Es stahl sich einen, rot wie Mohn;
der aber flog mit ihm davon
und ward nie mehr gesehn.

Geliebte Seepferdchen

Wenn das Seepferdchenpärchen erwacht in der Früh,
dann begrüßt sie ihn zärtlich und er begrüßt sie.

Und kaum sind die beiden heraus aus den Betten,
schon tanzen und schweben sie wie Marionetten.

Ein Seepferdchen-Pärchen, so rührend und treu,
beweist seine Liebe an jedem Tag neu.

Und meldet der Seepferdchen-Nachwuchs sich an,
dann gibt sie die Eier dem Seepferdchenmann.

Der macht sich als werdender Vater nichts draus
und brütet behutsam die Winzlinge aus.

Jedoch überlebt oft von Hunderten keins,
nur wenn sie mal Glück haben, bleibt ihnen eins.

Die meisten werden sofort gefressen;
die gierigen Fische sind ganz drauf versessen.

Bleibt doch mal ein Seepferdchen-Baby am Leben,
dann fangen 's die Menschen. So sind Menschen eben.

Da liegt 's dann, getrocknet, gesperrt hinter Glas,
und im Wasser, da hätte es noch so viel Spaß!

Doch leider sind Seepferdchen ziemlich beliebt.
Das ist auch der Grund, warum 's wenige gibt.

Wann ist es soweit?

Zum Glück ist der Winter, der kalte, vorbei.
Bald haben wir Ostern, das geht eins, zwei drei!
Ich frag den Kalender: Wann ist es soweit?
Wann beginnt denn nun endlich die Osterzeit?

Frau Holle, wir hoffen, du schickst keinen Schnee,
sonst tun userm Häschen die Pfötchen so weh!
Du armes Häschen, dann tust du uns leid
in so ungemütlicher Osterzeit!

Wie willst du die vielen Eier dann färben?
Mit eiskalten Pfötchen? Da machst du bloß Scherben!
Ich helf dir, hab schon alle Farben bereit,
mir macht das viel Spaß in der Osterzeit.

Versteckst du die bunten Eier im Schnee,
entdeck ich sie leicht, weil ich sie da gut seh.
Sogar die ganz kleinen, im Garten verstreut,
ich finde sie alle – zur Osterzeit.

Vielleicht schmilzt der Schnee und die Sonne
schaut raus;
mit Sonne sieht alles gleich freundlicher aus.
Dann duftet 's nach Frühling, ob nah oder weit.
Ich wünschte, es wäre schon Osterzeit!

Verfrühter Frühlingsbote

Ein quirliger Schmetterling hat mich erschreckt,
ich ihn aber auch, hab ihn sicher geweckt.
Er torkelte aus der Garderobe.
Kann sein, dass er sich nur im Datum geirrt,
zwei Tage lang schwirrt er herum ganz verwirrt,
mag sein, erst mal nur so zur Probe.

Jetzt hockt er seit Wochen bescheiden und brav,
verlängert noch mal seinen Winterschlaf,
mein hübsches Tag-Pfauenauge.
Er sitzt fein gefaltet unter dem Tisch.
Ich hoffe nur, dass ich ihn nicht erwisch
und in meinen Staubsauger sauge!

Vorbei ist der März, vorbei der April.
Ob mein Schmetterling endlich mal aufwachen will?
Er kann doch nicht ewig hier lungern!
Er schläft und schläft, in den Teppich gekrallt,
die herrliche Frühlingsluft lässt ihn kalt.
Ich seh schon, er wird noch verhungern.

Längst ist es Mai und schön warm am Tage.
Ob ich ihn wecke? Na klar, keine Frage!
Ein bisschen Sauerstoff täte ihm Not.
Er wird seine bunten Flügel zeigen,
hinauf in den blauen Himmel steigen ...

Er ist schon im Himmel.
                Mein Freund – ist tot.

Kunstvolle Ostereier

Das Osterhäschen, das tut mir so leid;
die ganze Nacht über hat es geschneit.
Fast sieht es aus, als ob Weihnachten wär.
Wie hat es das kleine Häschen doch schwer!

Wo soll es nun bloß seine Eier verstecken?
Überall Schneematsch in allen Ecken!
Die Büsche, die Hecken, der Boden, das Gras …
Die schönen Verstecke, sie alle sind nass.

Die kunstvollen Muster der Ostereier
sind völlig dahin, nun ist guter Rat teuer.
Die leuchtenden Farben, das Rot und das Grün,
das Blau und das Gelb, sie fließen dahin.

Ach was, denkt das Häschen, die schmecken auch so.
Und schon ist der Kleine wieder ganz froh,
versteckt alle Eier im Nassen blitzschnell,
dann kommen sie eben – als Aquarell!

Der Fuchs

Der schlaue Fuchs, der schlaue Fuchs
schleicht durch den Wald, sagt keinen Mucks,
er sucht nach frischer Beute.
Wen holt er sich wohl heute?

Wirbel um Wuschel

Jüngst wurde beim Bauern ein Esel geboren,
ein weißer, ganz wuschlig, mit pfiffigen Ohren,
doch leider mit jämmerlich kurzen Beinen.
Ich glaube, es gab wohl noch nie so einen.

„Was für ein Krüppel! Der kann ja kaum krauchen!",
bemerkte der Bauer. „Den könn' wa nich brauchen!"
So stand auch für ihn gleich von Anfang an fest:
„Das Beste wär, wenn man ihn einschläfern lässt."

Das Schicksal von Wuschel, das sprach sich schon balde
herum in der Gegend um Fürstenwalde.
Jetzt wussten es alle: Dem Eselchen droht,
wenn niemand es rettet, der sichere Tod.

Das wäre ein Jammer! Das ließ man nicht gelten.
Ein Esel wie dieser? Das ist wirklich selten!
So landete Wuschel, der Esel-Zwerg,
eines Tages im Reiterhof Molkenberg.

Hier fühlt er sich wohl zwischen Bisons und Pferden,
wird zwar nicht mehr wachsen, doch alt darf er werden.
Jetzt ist er noch jung, gerade mal vier,
und wird gleich auf Anhieb zum Mittelpunkt hier.

Wer Wuschel entdeckt, ruft freudig: „Ach Gottchen!"
Und nun ist der Kleine am Hof das Maskottchen.
Besonders die Kinder lieben ihn heftig,
drauf reiten, das geht nicht; er ist nicht so kräftig.

Der braune Hund Dachsi, der wurde sein Freund;
sie sind unzertrennlich, wie es so scheint.
Doch leider hat Dachsi vor wenigen Wochen
die linke Pfote sich zweimal gebrochen.

Er tobte wie üblich im Stall umher ...
Ein Huf trat auf ihn und das Pferd war zu schwer.
Nun liegt er verbunden im Stroh und ist krank;
doch Wuschel tröstet den Freund, Gott sei Dank!

Auch Filmleute fanden, als sie ihn gesehn,
den Mini-Esel verdammt fotogen
und demzufolge, das ist ja ganz klar,
kommt Wuschel groß raus als Fernsehstar.

Ein Star ist gefragt, ein Star hat es schwer,
Termine gibt 's ohne Kalender nicht mehr.
Welch Esel auf Erden ist halb so beliebt?
Fehlt nur, dass er noch Autogramme vergibt!

Tagtäglich strömen neugierige Massen,
Journalisten, Schulkinder, ganze Klassen
aus Ost und West, aus Süd und Nord
hierher und finden manch freundliches Wort.

Natürlich, das hat nicht nur gute Seiten.
Fast jeder füttert mit Süßigkeiten,
was sichtlich auf Wuschelchens Hüften geht.
Drum heißt es jetzt: abspecken mit Diät,

denn zwanzig Kilogramm Übergewicht
hat Wuschel schon jetzt und gut ist das nicht.
Womöglich knicken bei so viel Speck
ihm noch seine stummligen Beinchen weg.

Was niemand gewusst, jetzt wurde entdeckt
– bisher war das gut unterm Fell versteckt;
deswegen bemerkte man das ja auch nie –:
Er ist gar kein ER, er ist eine SIE!

Ja, wirklich! Und auch schon Verehrer hat se
wie Fridolino, Arak und Atze.
Sie ist noch nicht schlüssig, die Wahl fällt ihr schwer.
Welcher Esel soll 's sein? Der? Der oder der?

Drei farbige Fotos der Kandidaten
liegen vor Wuschel. Noch lässt sie uns raten.
Welchen wohl macht sie zum Favoriten?
Den Schönen? Den Jungen? Den Grauen in der Mitten?

Wuschel wählt Arak, den älteren Grauen,
der hat schon Erfahrung, der weckt gleich Vertrauen,
drückt schmatzend ihr Mäulchen auf Araks Bild
und knabbert dran rum, leidenschaftlich und wild.

Nun plant man für beide ein Rendezvous.
Da woll'n wir nicht stören, da schau'n wir nicht zu.
Die Story mit Wuschel ist erst mal beendet,
denn wenn sich zwei kriegen, wird ausgeblendet.

Es ist nicht zur Hochzeit mit Arak gekommen,
zu aufdringlich hat sich der Esel benommen.
Sie wollte nur kuscheln, er wollte gleich mehr,
das schockte die Esel-Dame doch sehr.

Und außerdem darf das auch gar nicht sein,
denn für eine Schwangerschaft ist sie zu klein.
Viel schlimmer noch: Wuschel ist zuckerkrank.
Der Doktor will helfen, na, Gott sei Dank!,

verordnet sofort eine strenge Diät,
nur Schonkost sowie frisches Heu, wenn es geht,
und Spritzen dreitäglich unter ihr Fell ...
Ach, Wuschel, werd' wieder gesund, bitte, schnell!

Ihr Schicksal schildert mit Bildern seit Wochen
ausführlich die Zeitung, fast ununterbrochen.
Da fragt man sich echt, ob es jemanden gibt,
der Wuschel nicht kennt und der Wuschel nicht liebt.

Damit es dem Eselchen besser ergeht,
wird alles getan, was wohl jeder versteht.
Jetzt muss eine prächtige Hütte her
mit echtem Ziegeldach! Will man noch mehr?

Die wird sehr viel höher und breiter sein,
die jetzige ist selbst für Wuschel zu klein,
mit einer Terrasse, auch die überdacht,
weil schließlich nicht immer die Sonne lacht.

Dann endlich hätt Wuschel, der arme Tropf,
statt Wellblech ein richtiges Dach überm Kopf.
Zwar dürfte das ungemein kostspielig sein,
doch hellen Köpfen fällt immer was ein.

Viel wird von freundlichen Leuten gespendet,
ansonsten wird Wuschelchens Stimme gesendet;
schon reißen sich Wuschel-Fans fern und nah
um Handys mit ihrem Ruf: „Iah!"

Nun ist man seit kurzem doch etwas verwirrt,
womöglich hat sich der Tierarzt geirrt,
denn ein Professor beteuerte offen,
sie sei gar nicht krank. Und das lässt uns hoffen.

Wuschelchen ahnt nicht, dass alle sich sorgen.
Sie hoppelt umher und denkt nicht an morgen,
genießt jeden Tag; für sie gibt 's nur „Heute".
Wir haben sie lieb, sie bringt so viel Freude.

Acht Tage lang war nichts zu hör'n und zu lesen.
Ganz klar, dass man glaubte, das sei 's nun gewesen.
Am Montag dann haben wir Wuschel entdeckt
auf Seite drei, ziemlich klein und versteckt.

Dafür umso größer, das muß man verstehn,
war die Freude, sie doch noch mal wieder zu sehn
und zwar „Untern Linden"! Was macht sie wohl hier
zwischen Pferden und Reitern so dicht neben ihr?

Da trottet sie artig und folgsam einher,
auf ihrem Rücken ein drolliger Bär!
Wofür demonstriert sie? Ich möchte wetten:
Auch sie hilft, die Reiterstaffel zu retten.

Gewiß marschierten schon häufig zuvor
auch Esel durchs Brandenburger Tor.
Wer aber hätte vor kurzem gedacht,
daß Wuschel so richtig Karriere macht?

Jetzt soll sie tatsächlich noch Botschafter werden,
denn vielen Tieren geht 's dreckig auf Erden.
Vielleicht kann sie helfen beim Sammeln von Spenden,
dann müßten nicht so viele Tiere verenden.

Viel wird über Wuschelchen nachgedacht
Man hat sich auf Spurensuche gemacht,
um auszukundschaften: Wo stammt sie her?
Wer sind ihre Eltern? Gern wüsste man mehr.

Schon bald wird das Unwissen etwas erhellt:
In Nordrhein-Westfalen, da kam sie zur Welt.
Doch Vater und Mutter sind längst nicht mehr dort.
Sie wurden verkauft – und nun sind sie fort!

Wo sind sie geblieben? Jetzt sucht man erneut.
Ob Wuschelchen sich darüber wohl freut?
An Mama und Papa, da denkt sie nicht mal.
Das ist ihr vermutlich so ziemlich egal.

Inzwischen wird fleißig gehämmert, gesägt,
sehr fachmännisch Ziegel auf Ziegel gelegt,
ein zünftiges Richtfest organisiert ...
Ob Wuschel all diesen Rummel kapiert?

Dann darf sie zur Probe schon mal in ihr „Haus".
Da will sie am liebsten gar nicht mehr raus.
Hoch ist es und schön und mit allem Komfort,
nun stößt sie sich endlich nicht dauernd am Ohr.

Ihr Futter wird gleich unterm Dach deponiert,
mit Fichtenholz wird die Fassade verziert,
mit Strohmatten wird die Terrasse belegt ...
Ganz Molkenberg ist total aufgeregt.

Als „Gold-Esel" kann sich Wuschel das leisten,
verdient eignes Geld; da staunen die meisten!
Und trotzdem wird sie nie hochnäsig sein,
ist schließlich ein Esel, kein Mensch und – kein Schwein!

Im Sommer, da tobt sie so gern auf der Weide
mit Gutja, der Stute. Sie mögen sich beide.
Zu Weihnachten ist Gutjas Bäuchlein ganz prall
und Wuschel umsorgt sie rührend im Stall.

Ansonsten gefällt ihr der Winter wohl nicht,
meist zeigt sie ein trauriges Esels-Gesicht,
hat Depressionen, will kaum etwas fressen.
Dass Möhren gut schmecken, das hat sie vergessen.

Sie lässt ihre Ohren hängen. Warum?
Sie kann es nicht sagen, bleibt einfach nur stumm.
Was hat sie denn nur? Sie ist gar nicht gut drauf.
Selbst Dachsi, der Hund, heitert Wuschel nicht auf.

Die Zeit vergeht. Wir vermissen sie sehr.
Die Zeitung schreibt auch schon lange nichts mehr,
nur hin und wieder erscheint ein Bericht.
Ich glaube, sehr gut geht es Wuschelchen nicht.

So wird es allmählich stiller und still …
Zum fünften Geburtstag, am ersten April,
da widmet man ihr noch mal ein paar Worte.
Man schreibt: Sie bekam eine Mohrrüben-Torte.

Dann aber, nach gar nicht so langer Zeit,
da war es dann doch mit Wuschel soweit.
Ihr Leben war reich, nur leider nicht lang.
Doch dass es sie gab, dafür sagen wir Dank!

Praktisch

Mullwindeln sind von großem Nutzen,
vor allem gut zum Fenster putzen!

Hmm!

So 'n frisches Freiland-Spiegelei,
das schmeckt!
    Noch besser schmecken zwei!

Blinder Passagier

Was hier erzählt wird, das geschah
vor kurzem erst in Kanada:

Ein Waschbär, so ein süßer kleener,
der huschte nachts in den Container,
weil der durch Zufall offen war.
Das weckt die Neugier, ist doch klar.

Er suchte eifrig was zum Fressen
und hat darüber ganz vergessen,
beizeiten wieder abzuhauen.
Er wollte ja auch nur mal schauen!

Das Schloss fiel zu, zack! Rumdibum!
Der Bär saß drin und guckte dumm.
So wurde er aufs Schiff verfrachtet,
wo er zwangsläufig übernachtet

und nicht nur diese eine Nacht;
das hätt der Waschbär nie gedacht.
Die Reise ging unheimlich lange.
Dem Kleinen wurde angst und bange ...

Sehr lustig soll 'ne Seefahrt sein?
Wem fällt nur so ein Blödsinn ein?
Er glaubt nicht, was die Menschen sagen,
verständlich, denn ihm knurrt der Magen.

Doch schließlich ist er ja nicht dumm,
flitzt emsig im Container rum,
sucht überall, in allen Ecken,
um etwas Leckres zu entdecken.

Nichts gibt es, weder Brot noch Butter,
nur Dosenbier und Hundefutter.
Doch wenn man scharfe Zähne hat,
dann macht auch Bier in Dosen satt.

Zwar ist man alleweil im Schumm
und fällt nicht nur bei Seegang um,
doch wenigstens ist was im Magen.
So lässt es sich ganz gut ertragen.

Nach Hamburg geht 's und noch viel weiter.
Der Waschbär überlebt das heiter,
merkt nicht, dass er nach Böhmen fährt …
In Pardubice wird geleert.

Da findet man den Trunkenbold,
benebelt, wenn auch ungewollt.
Der torkelt lustig, stolpert, schwankt,
weil er bis oben vollgetankt.

Der Waschbär aber, gar nicht frustig,
fand diese Seefahrt doch recht lustig.

Rentnerleben – schönes Leben

Urplötzlich ist es dann soweit,
man freut sich: Endlich hat man Zeit,
Zeit für so viele schöne Sachen,
die sicherlich viel Freude machen
und die man immer aufgeschoben
und für das Alter aufgehoben.
Man kann spazieren gehn, kann lesen,
hinfahren, wo man nie gewesen,
man könnte Kaffeekränzchen halten,
vielleicht die Wohnung umgestalten,
auch etwas für die Schönheit tun,
am Tag schon auf dem Sofa ruhn.
Ausmisten kann man, ordnen, räumen,
Musik genießen, dabei träumen,
kann fernsehn schon ganz früh am Tag,
so lange schlafen wie man mag,
kann Fenster putzen oder nicht,
verrückt sich kleiden oder schlicht,
kann Schlankheitskuren ausprobieren,
ein Sieben-Gänge-Mahl servieren,
Rad fahrend durch die Gegend flitzen,
auch einfach faul im Sessel sitzen.
Man kann verreisen kreuz und quer,
solang' das Konto noch nicht leer,
auf Wolke sieben kann man schweben ...
Wie herrlich ist das Rentnerleben!
Doch bald schon wundert man sich sehr:
Die Zeit, die wird jetzt auch nicht mehr!
Und niemand ist davor gefeit:
Als Rentner hat man niemals Zeit!

Brautwerbung

Ein Kavalier will imponieren,
schenkt anfangs Rosen und Konfekt.
Bald steigert er sich beim Spendieren,
er wählt Champagner, nicht nur Sekt,
kauft ihr ein Auto, teure Reisen,
ein Appartement, auch ein Collier,
um seine Liebe zu beweisen,
bleibt stets am Ball und äußerst zäh.

Er hofft und bildet sich wohl ein,
dass er sie so gefügig macht,
denn steter Tropfen höhlt den Stein –
zumindest hat er das gedacht,
glaubt, dass die Inves-titi-onen,
gestresste Nerven, all die Müh
am Ende sich für ihn auch lohnen.
Jedoch das weiß man vorher nie.

Nicht nur beim Menschen, auch bei Tieren
umwirbt das Weibchen stets der Mann,
ob mit zwei Beinen oder vieren,
sie geben alle schrecklich an.
Der Vogel Strauß vollführt sein Tänzchen,
der Pfau besticht sie durch sein Rad,
ein andrer wippt kess mit dem Schwänzchen;
so zeigt ein jeder, was er hat.

Auch mit Geschenken: Körnern, Zweigen,
mit Raupen, Fischchen oder Wurm
will mancher seine Liebe zeigen,
erobert sie damit im Sturm.

Das ist schon so seit Jahr und Tagen,
das weiß der Mensch, das weiß das Tier,
die Liebe geht halt durch den Magen,
auch bei der Stubenfliege hier.
Sehr interessant ist sein Gehabe;
ihm ist bewusst, dass er nichts hat,
drum „zaubert" er die Liebesgabe
und hofft, die Braut wird davon satt.

Der kleine Stubenfliegen-Mann,
der setzt sich also fleißig hin
und produziert, so viel er kann,
Bonbons für sie – aus Protein!
Mit diesen darf er bei ihr landen,
sie lässt es über sich ergehn.
Ist vom Bonbon nichts mehr vorhanden,
wirft sie ihn ab. Soll er doch sehn!

Natürlich darf er wiederkehren,
doch mit Bonbon und anders nicht.
Wie sollten sie sich sonst vermehren?
Das Männchen kennt schon seine Pflicht.
Wir sind nicht wie die Stubenfliegen.
Bonbons verlangen Weiber nie,
damit sie ihren Nachwuchs kriegen.
Das Menschen-Männchen weiß schon wie!

Der Hase und der Igel (etwas anders)

Zum Igel sprach der Meister Lampe:
„He, Dicker, du mit deiner Wampe,
was hast du bloß für kurze Beine!
Sieh nur, wie wohlgeformt sind meine
und obendrein noch superschnell.
Du kommst wohl schwerlich von der Stell'?"

Der Igel sprach: „Da irrst du dich.
Ich überhol dich sicherlich.
Wir könnten 's ja mal ausprobieren.
Ich wette stark, du wirst verlieren!"

„Na gut, wenn du so sicher bist,
dann lass uns sehn, wer schneller ist.
Drei Taler und ein Fläschchen Wein,
die sollen für den Sieger sein."

Der Igel bat um etwas Zeit:
„Ich sag nur meiner Frau Bescheid.
Ich eile, das versprech ich dir.
Um zwölf Uhr bin ich wieder hier!"

Kaum konnte er es selber fassen,
worauf er sich da eingelassen
und dachte immer nur daran,
wie er den Hasen schlagen kann.

Vielleicht gelingt 's mit einem Trick
und einem kleinen Quäntchen Glück!

„Komm, Weib, ich brauch dich jetzt dabei,
denn besser ist es, wir sind zwei.
Dem feinen Pinkel werd ich 's zeigen;
die Taler sind schon bald mein eigen."

So tippelten die beiden wacker
zurück zum frisch gepflügten Acker.

„Platzier dich hier! Brauchst nur zu warten,
bis wir da drüben beide starten.
Kreuzt dann der Hase auf bei dir,
rufst du ganz laut: „Ich bin all hier!"

Punkt zwölf Uhr starten dann die zwei.
Der Hase zählt laut: „Eins, zwei, drei!",
nimmt seine Beine in die Hand …

Der Igel rollt sich an den Rand,
sieht ihm vergnüglich hinterdrein:
„Den leg ich heut mal richtig rein!"

Am Ziel als Erster angekommen,
so glaubt der Hase unbenommen,
erblickt den Igel er ganz plötzlich
und ärgert sich fürwahr entsetzlich.

Er denkt, es sei der Igel-Mann.
Wie der bloß so schnell laufen kann!
Sei 's drum, ist schließlich auch egal.
„Wir wiederholen das noch mal!"

Die Igel-Frau meint: „Auch nicht schlecht,
so oft du willst. Mir ist es recht!"

Der Hase drängt: „Nun gut, es sei!"
und zählt noch einmal: „Eins, zwei, drei!",
wetzt los mit einem Riesensatz ...
Die Igelin nimmt ruhig Platz.

Hei! Wie der Wind saust er davon.
Der Igel drüben wartet schon,
wirft seine Arme in die Höh:
„Ich bin schon lange da! Juchhe!"

Der Hase aber gibt nicht auf.
Auf jeden Lauf folgt noch ein Lauf.
Und jedes Mal am Ziele taucht
der Igel auf, ganz unverbraucht.

So geht das siebzigmal und mehr.
Der Hase tut sich langsam schwer,
gerät nun doch in große Not,
ist fast, doch noch nicht völlig tot.

Der Schweiß rinnt über sein Gesicht:
„Nein, das begreif ich einfach nicht!
Wie kann ein Knirps, so rund und klein,
so flink und unverwüstlich sein!"

Die Taler und die Flasche Wein,
das sieht der Hase schließlich ein,
gehn an den Igel, fällt 's auch schwer,
weil der viel schneller war als er.

Der Fuchs, der hinterm Busche saß,
der hatte heimlich seinen Spaß.
Er schlendert auf den Hasen zu:
„He! Hallo, Meister Lampe, du!

Du brauchst nur mich, den Fuchs, zu fragen.
Ich sah 's genau. Ich kann dir sagen,
warum der Igel schneller war.
Doch nicht umsonst, das ist wohl klar!"

Neugierig rappelt sich sogleich
der Hase auf: „Bin zwar nicht reich,
doch gäb ich alles, wenn ich 's wüsst,
wenn 's nicht zu unverfroren ist!"

Der schlaue Fuchs jedoch, nicht bange,
der überlegt erst gar nicht lange.
Ihn quält ein Riesenappetit,
da er den lahmen Hasen sieht.

Gern hätt er ihn mit Haut und Haar.
Fair ist das nicht, das ist ihm klar.
So bleibt er heute ausnahmsweise
mal ganz bescheiden und sagt leise:

„Gib mir dein Ohr! Ich sag dir dann,
warum der Igel hier gewann!"

„Mein Ohr? Du bist wohl nicht gescheit!
Nein, nein, mein Freund, das geht zu weit!

Wie soll ich hören, was du sagst,
wenn du an meinem Löffel nagst?
Mein Ohr, das bleibt da, wo es ist
und wenn du noch so hungrig bist!"
Schlägt einen Haken und entrinnt,
sieht schleunigst, dass er Land gewinnt.

So hat der Hase nie erfahren,
das ist vermutlich jedem klar,
was wohl die Gründe dafür waren,
weshalb der Igel schneller war.

Der Schluss ist zwar nicht à la Grimm,
doch dieser ist nicht ganz so schlimm.

Klein, aber oho!

Der Wüstenfuchs, der Wüstenfuchs
hat gute Augen wie ein Luchs
und Ohren, spitz und riesengroß.
Was alles hört er damit bloß?

Der Regenwurm

Den Regenwurm, den Regenwurm,
den kümmert nicht der größte Sturm.
Und wird er mal vom Regen nass,
dann meint er nur: Was für ein Spaß!

Kuckuck im Garten

Kuckuck!, ruft es hinterm Baum,
kuckuck! aus der Hecke,
kuckuck! ruft 's, man glaubt es kaum,
fast aus jeder Ecke,

kuckuck! aus dem Blumenbeet
bei der Regentonne,
überall, so schön es geht:
Kuckuck! voller Wonne.

Kuckuck! nah und kuckuck! fern,
kuckuck! unterm Tisch ...
Ach, ich hätte gar zu gern,
dass ich dich erwisch!

Kuckuck! leise, kuckuck! laut
ganz in meiner Nähe.
Dass der Kuckuck sich das traut
und ich ihn nicht sehe!

Kuckuck! aus dem Kellerfenster,
aus der Hundehütte ...
Hör ich etwa schon Gespenster?
Sag, wo bist du? Bitte!

Kuckuck!, wo die Birken stehn
hinten bei den Gänschen ...
Ah! Jetzt hab ich dich gesehn!
Du bist das! Mein Hänschen!

Ein Paar Schuhe?

Ein Narr fand einen alten Schuh,
der war auch noch ganz schön.
Er nahm ihn mit, wer weiß, wozu?
Das woll'n wir doch mal sehn!

Ein Schuh allein macht keinen Sinn.
Doch pfiffig ist der Narr:
Er stellt ihn vor den Spiegel hin
und schon hat er – ein Paar!

Beleidigung

Ein Dromedar, das quälte sich
durch Wüstensand, ganz fürchterlich,
beladen bis zum „Geht-nicht-mehr",
die Last war wirklich viel zu schwer.

Da kam ein Trampeltier vorbei,
das hatte seine Höcker frei
und spottete: „Bei meiner Seel'!
Du bist wahrhaftig ein Kamel!"

Der Floh

Der flinke Floh, der flinke Floh
sticht, wo er kann, auch in den Po.
Da ist es ganz besonders zart.
Na ja, nicht grad die feine Art!

Fünf Limericks

Da aß mal ein hungriger Ritter
an Bohnen sich satt in Salzgitter,
auch Zwiebeln und Kohl,
dann war ihm nicht wohl ...
Es folgte ein Riesengewitter.

Ein Unfall geschah in Kalkutta.
Der Vater ging hops und die Mutter,
das Auto war hin
und der Hund mittendrin.
Ansonsten war alles in Butter.

Kühn wagt sich der kleine Herr Meier
zum höchsten Punkt im Himalaja.
Kaum ist er am Ziel,
da wird ihm ganz schwül:
Wie komm ich bloß runter? Auweia!

Es schenkte ein Bauer aus Danzig
mir Butter, die war schon ganz ranzig.
Das machte mich wild,
da las ich das Schild:
Sie war aus dem Jahr siebenundzwanzig!

Ein ärmliches Mädchen, ein blasses,
das war ganz verrückt nach Onassis:
„Onassis ist alt,
den beerbe ich bald ...
Schön wär 's! Aber besser, ich lass' es."

Da ist der Wurm drin!

Tatsache ist, dass unsre Stadt
kaum Platz für Regenwürmer hat.
Fast jedes Eckchen wird „versteinert",
die Grünanlagen meist verkleinert.

Kein Platz für Tiere in Berlin?
Wo soll'n die armen Würmer hin?
Wo soll'n die Regenwürmer bleiben
und sich die lange Zeit vertreiben?

Doch Regenwürmer sind nicht dumm,
sie hören sich ein wenig um
und finden eine Lösung schnelle,
denn Regenwürmer, die sind helle.

Ein riesengroßes Fußballfeld,
das ist es, was dem Wurm gefällt.
Hier gräbt er fleißig tiefe Röhren
und kann sich ungestört vermehren.

Im Winter wird sogar geheizt,
was Würmer ganz besonders reizt.
So können sie sich gut entfalten,
sie können schalten, können walten …

Tagaus, tagein sind sie gut drauf
und werfen ständig Erde auf.
Sie meinen, dass mit Lockern, Graben
sie Nützliches verrichtet haben.

So sieht der Rasen bald, o Graus!,
wie eine Kraterlandschaft aus.
Zig-Tausende sind hier am Werke …
Tja, in der Masse liegt die Stärke.

Die Hertha-Spieler blasen Sturm:
„Im Fußballfeld, da ist der Wurm!"
Sie schimpfen, toben und sind sauer:
„So geht das nicht hier auf die Dauer!

Der Ball macht ständig, was er will,
trifft sonst wohin, nur nicht das Ziel.
Letztendlich muss man da verlieren
und sich noch obendrein blamieren!"

Ein neuer Rasen müsste her:
Fünfhunderttausend Mark und mehr!!!
Das würde man bestimmt bereuen.
Vielleicht hilft 's, sauren Sand zu streuen.

Ihr Fußballspieler, hört mal her!
Der beste Vorschlag wäre der:
Anstatt zu bolzen und zu rangeln,
fangt alle Würmer! Und geht angeln!

Mein Struppi

Scheint Sonne, hei!, da tobt und springt er.
Bei Regen aber, puh!, da stinkt er.

Moritz im Schuhladen

Es kommt oft vor, wie ihr gleich seht,
dass ein recht unscheinbares Tier
ganz plötzlich in der Zeitung steht,
genau wie dieses hier:

Der Kater Moritz, dick und weich,
wohnt bei den Wollmanns in der Stadt,
wo er sein eignes kleines Reich
und wo er 's auch gemütlich hat.

Des Morgens aber will er raus,
um Neues zu entdecken.
So lässt ihn Frauchen aus dem Haus,
er kennt schon seine Strecken.

Und all die Nachbarn kennen ihn,
sie kraulen ihn und fragen:
„Na, wo geht 's heute wieder hin?"
Doch Moritz kann nichts sagen.

Für ihn gibt es bloß eine Tour,
was soll denn das Gefrage?
Zum Schuhgeschäft natürlich nur
wie immer, alle Tage!

Fantastisch duftet es beim Bäcker;
er schaut mal kurz hinein.
Beim Fleischer erst, da riecht es lecker.
Der winkt gleich ab: „Nein, nein!"

„Miau! Dann eben nicht! Na schön!"
Er spitzt nur seine Ohren.
„Ist ja schon gut! Ich kann 's verstehn,
hier hab ich nichts verloren."

Vor allem ist der „Kleine Zoo"
für Katzen int'ressant,
der Räucherfisch-Stand ebenso
und dann: der Würstchenstand!

Hier ist der Moritz sehr beliebt,
fühlt sich so richtig wohl,
weil jeder ihm ein Häppchen gibt
und alles schmeckt so toll!

Das waren wieder leck're Sachen!
Nun wird es langsam Zeit,
ein kleines Nickerchen zu machen
im Schuhgeschäft, nicht weit.

Ein Kunde öffnet grad die Tür …
Auf weißen Sammetpfoten
tritt Moritz ein, man kennt ihn hier,
hat 's ihm auch nie verboten.

Sein volles Bäuchlein wiegt recht schwer,
nicht leicht fällt ihm das Laufen.
Die Kundschaft aber staunt doch sehr:
„Die Katz' will Schuhe kaufen?"

Der Moritz sucht sein Lieblingsplätzchen;
dort an der Heizung ist es warm.
Er rollt sich ein, versteckt die Tätzchen ...
Die Wurst rumort im Darm.

Je mehr der Moritz hat gefressen,
je intensiver ist sein Schlaf,
so kann er leicht die Zeit vergessen.
Danach geht 's heim, ganz brav.

Das geht nun so ununterbrochen:
des Nachts daheim, am Tage weg,
das Gleiche schon seit vielen Wochen,
dann aber dieser Schreck!

In dunkler Nacht, mucksmäuschenstill,
die Menschen schliefen alle schon,
ganz plötzlich, markerschütternd schrill,
weithin Sirenen-Ton!

Und gleich darauf „tatütata!",
ein unerhörter Krach.
„Das Schuhgeschäft!" „Was gibt 's denn da?"
Jetzt war wohl jeder wach!

Die Feuerwehr, die Polizei
und viele Menschen, klein und groß,
die eilten rasend schnell herbei.
Da war vielleicht was los!

Was war denn eigentlich geschehn?
Die Polizei, die fluchte.
Kein Einbrecher war hier zu sehn,
so sehr man ihn auch suchte.

Man inspizierte alle Ecken
im Taschenlampenschein,
doch niemand war mehr zu entdecken.
„Wo kann der Dieb bloß sein?"

Im Morgengrauen, viel, viel später
fand man den Strolch, den Bösewicht,
den Dieb, den schlimmen Übeltäter ...
Gestohlen hat er nicht!

Der Moritz, der ganz eingerollt
und unter Schock im Dunkeln döste,
er war 's, doch sicher ungewollt,
der den Alarm auslöste

in seiner Angst, in seiner Not,
in seinen tausend Qualen ....
Ab heute hat er Hausverbot,
denn: Wer soll das bezahlen?

Der Moritz kann das nicht verstehn.
Was hat er denn gemacht?
Von allen Menschen, die ihn sehn,
wird er nur ausgelacht!

Am Zeitungskiosk ein Gedränge!
Was lesen die denn da?
Ein Dicker kichert in der Menge:
„Seht doch! Da ist er ja!"

Da steht es deutlich schwarz auf weiß:
„Ein Kater löst Alarm aus!"
Der Moritz schleicht davon ganz leis
und bleibt ab jetzt zu Haus.

Eigentlich schade!

Wenn Mann und Frau sich endlich kriegen,
ist 's meist vorbei mit dem Vergnügen.

Strandläufer

Dummer Laufkäfer läuft…
Und er läuft…
Und er läuft…
Immerzu in die Wellen,
bis er schließlich ersäuft.

Nächtlicher Besuch

Um Mitternacht, das ist bekannt,
da spuken die Gespenster.
Zu uns kam auch ein kleiner Geist,
wohl durchs Toilettenfenster.

Es trieb mich nachts so gegen eins
mal dringend aus dem Bett.
Ein Mäuschen kauerte bereits
verdutzt auf dem Klosett.

Es hockte auf dem gelben Plüsch
wie angewurzelt, regungslos.
Ist es lebendig oder tot?
Ein Scherzartikel bloß?

Da rollt es plötzlich mit den Augen.
Oje, es lebt! Das ist ein Schock!
Wie kommt ein Mäuschen nachts um eins
wohl in den zweiten Stock?

Vermutlich ging 's der Nase nach.
Es roch den Bratkartoffelduft,
lag der doch seit dem Abendbrot
noch immer in der Luft.

Die Blase drückt, die Maus blockiert;
ich darf sie nicht erschrecken.
Am besten: Türe wieder zu
und die Familie wecken!

Die meint natürlich glatt, ich spinne
und denk mir das bloß aus.
Doch schließlich sehn wir durch den Spalt:
Da sitzt sie noch, die Maus.

Wahrscheinlich hätt sie gar zu gerne
gebratnen Speck gefressen.
Sie ist enttäuscht. Im Badezimmer
gibt 's leider gar kein Essen.

Wir schleichen uns ganz sachte ran
mit der Konservenbüchs' …
Zack, rüber! Haste dir gedacht!
Das Mäuschen war zu fix.

Mit Überschallgeschwindigkeit,
husch!, unter unsre Wanne.
Da kriegt sie keiner wieder vor,
das war die erste Panne.

Mit Speck fängt man bekanntlich Mäuse.
Her mit der Mausefalle!
Kaum aufgestellt, da schnappt sie zu …
Die Maus ist weg, der Speck ist alle.

So 'n Pech! Gleich wird 's noch mal probiert.
He! Mäuschen, komm heraus!
Schnapp! Hat es diesmal funktioniert?
Weg ist der Speck und weg die Maus.

Geduld, Geduld! Noch ein Versuch!
Zack, schnappt sie zu, die Falle.
Jetzt tut 's mir fast ein bisschen leid:
Der Speck ist drin, die Maus – ist alle!

Nun endlich gehen wir zur Ruh
ganz ohne Mausesorgen.
Doch lohnt sich 's noch in dieser Nacht?
Inzwischen ist schon Morgen.

Die Liebe hört nie auf

Ein Taubenpärchen,
das war vielleicht dumm,
das turtelte auf der Straße herum
und ließ sich von nichts dabei stören.
Sie trippelte vor und er hinterher;
die beiden liebten sich wirklich sehr
und konnten das Auto nicht hören.

Ein kurzer Moment –
vorbei war das Glück!
Fürs Täubchen leider gab 's kein Zurück,
es blieb völlig plattgewalzt liegen.
Er nahm von ihr Abschied auf seine Weise,
lief um sie herum, etwa achtmal im Kreise.
Dann hat er sie noch mal bestiegen.

Lustiges Tierisches

Sehr menschlich ist zumeist der Affe,
sehr hoch hinaus will die Giraffe.

Die Schnecke geht nie aus dem Hause,
der Elefant braucht keine Brause.

Der Maulwurf, der sieht niemals Blitze,
der Wiedehopf braucht keine Mütze.

Die Katz braucht keine Rheumadecke,
das Faultier rührt sich nicht vom Flecke.

Der Schönste ist der Pfau von allen,
die Schlange läßt die Hüllen fallen.

Die Henne pickt von früh bis spät,
der Tiger steht, wenn er nicht geht.

Laufkäfer machen niemals Rast,
das Zebra fällt nicht auf – im Knast!

Der Fuchs liebt neuerdings die Stadt,
ein Pandabär wird niemals satt.

Die Fledermaus schläft nur kopfunter,
der Hamster wird erst abends munter.

Der Esel macht meist, was er will,
der Regenwurm ist lieber still.

Das dicke Schwein ist nicht grad reinlich,
der freche Papagei oft peinlich.

Die Elster stiehlt so manchen Trödel,
der Hase produziert nur Ködel.

Der Schwan will stets der Schönste sein,
dem Nashorn fällt das niemals ein.

Schildkröten haben massig Zeit,
die Eintagsfliege tut mir leid!

Der Pavian ist hinten rot,
die Mücke mag ich lieber tot.

Das Lama spuckt, das ist nicht fein,
der Leguan, der lässt das sein.

Das Stachelschwein gleicht einem Besen,
die Brillenschlange kann nicht lesen.

Der Igel ist dem Kaktus gleich,
der Goldfisch trotz des Gold's nicht reich.

Die Filzlaus kennt die schönsten Stellen,
der Löwe trägt gern Dauerwellen.

Ein Bison geht nie zum Friseur,
der Seehund kommt wohl grad daher.

Die Möwe dekoriert mein Haupt,
die Milbe wird fix abgestaubt.

Und das Pantoffeltier, das süße,
hat sicher niemals kalte Füße.

Ein Fisch geht gar nicht gern an Bord,
das Schlachtvieh wünscht sich weit, weit fort.

Der Wal tut sich recht schwer beim Landen,
die Saurier haben 's längst überstanden.

Nass, aber feurig ist die Qualle,
dem Gürteltier fehlt noch die Schnalle.

Glühwürmchen lässt das Bäuchlein leuchten,
ein Molch, der liebt es nur im Feuchten.

Der Hund find't überall sein Klo.
Wir machen 's nächstens ebenso.

Nicht alles geht

Man kann zwar zwischen Fichten dichten,
doch nie und nimmer dichten Fichten.

Mein Liebling

Tief liegt im Schlummer meine Katz
auf ihrem warmen Lieblingsplatz.
Wo der wohl ist, das wollt ihr wissen?
Es ist kein Sofa, ist kein Kissen,
es ist kein Körbchen, auch kein Bett,
es ist ein großes Fensterbrett.
In unsrer Straße Nummer zehn
kannst du die dicke Mulle sehn.
Dort hinter einer großen Scheibe,
da hat das Kätzchen seine Bleibe.
Hier liegt es lang im Sonnenschein,
lässt alle fünfe grade sein.
Und klopfst du an und rufst: „He, du!",
reckt es sein Köpfchen hoch im Nu,
sieht dich mit großen Augen an;
wie schön ein Tier doch schauen kann!
Geh ich vorbei und denk: „Na ja,
heut ist mein Liebling wohl nicht da?",
stell' ich mich einfach auf die Zeh'n
und krieg dann doch ein Ohr zu sehn.
Und manchmal zeigt sich meinen Blicken
auch nur ein Stück vom Katzenrücken,
ein schmaler Streifen graues Fell
und das bewegt sich, atmet schnell …
Man fühlt sich innerlich ganz glücklich,
die Welt wird schöner augenblicklich.

Wie macht ein Tierchen doch so froh,
nur weil es da ist, einfach so!

Dufte Düfte

Der Mensch lebt ständig mit Gerüchen,
mit guten und mit widerlichen.

Da gibt es viele, die ich mag:
den Kaffeeduft am Nachmittag,
den Duft von Brötchen, ofenfrischen,
nicht den von eingesalznen Fischen.
Im Frühling mag ich immer wieder
Maiglöckchen und den Duft vom Flieder.
Wie herrlich riecht ein Nelkenstrauß,
wie penetrant ein Raubtierhaus!

Ich lieb den Duft von Strand und Meer,
mitunter den von heißem Teer,
auch der vom Grill verwöhnt die Nase,
unangenehm sind Schwefelgase.
Der Duft von Kien lässt mich nicht kalt,
auch nicht der Pilzgeruch im Wald.
Ich mag den Duft von Bratkartoffeln,
nicht den von alten Filzpantoffeln!

Ganz tolle Seife, leider teuer,
berauscht mich immer ungeheuer
und Gänsebraten riech ich gern!
Vom Katzenklo halt ich mich fern.
Und was ich ganz besonders mag:
den Duft von Heu am Sommertag,
jedoch kein abgestandnes Bier.
Doch was ich mag: den Duft von Dir!

Kennst du sie?

Wer nur hat so viele Pflanzen
einst so wundersam benannt?
Möchte wetten, dass du manche
hier von diesen nicht gekannt:

Alpenhelm und Erdspinat,
Augentrost und Pimpinelle,
Kugelblume, Knorpelkraut,
Kälberkropf und Küchenschelle,
Bärenklau und Bärentraube,
Kragenblume, Taubenkropf,
Katzenschwanz und Wasserschraube,
Läusekraut und Wiesenknopf,
Öhrchen-Habichtskraut und Meier,
Ferkelkraut, Perückenstrauch,
Waldvöglein und Wasserrübe,
Hirtentäschel, Wunderlauch,
Igelschlauch und Igelkolben,
Sockenblume, Knotenfuß,
Löffelkraut und Kaiserkrone,
Spatzenzunge, Pimpernuß,
Gänsefuß, Hundspetersilie,
Mauerpfeffer, Pfeifenstrauch,
Frauenspiegel, Faltenlilie,
Lämmersalat, Wasserschlauch,
Brillenschötchen, Storchenschnabel,
Krähenfuß, Spitzwegerich,
Zahnwurz, Froschbiß, Wassernabel,
Guter Heinrich, Knöterich,

Schlafmützchen und Wasserdarm,
Schleifenblume, Katzenminze,
Pfaffenhütchen, Pfeifengras,
Blutauge und Wasserlinse,
Frauenmantel, Frauenschuh,
Dünnschwanz, Dreizahn, Katzenpfötchen,
Braut in Haaren, Drachenmaul,
Bartgras, Flohkraut, Kugelschötchen,
Fieberklee, Franzosenkraut,
Teufelsabbiß, Teufelskralle,
Eisenhut und Faserschirm,
Wanzensame, Wasserfalle,
Schlangenäuglein, Ochsenzunge,
Faulbaum, Hohlzahn, Natterkopf,
Krummhals, Nieswurz, Nabelmiere,
Mäuseschwänzchen, Klappertopf,
Götterbaum und Liebesgras,
Hexenkraut und Himmelsleiter,
Drachenkopf und Löwenmaul,
Teufelsklaue und so weiter ...

Hast du alle flott gelesen?
Nicht gestottert dann und wann?
Oder doch?
Dann fang am besten
gleich noch mal von vorne an!

Hobby-Gärtners Lieblingsblumen

Was ist des Gärtners höchstes Glück?
Studentenblumen! Tausend Stück!
Die kleinen Pflänzchen in den Töpfchen,
so jung und zart, noch ohne Köpfchen,
all diese unscheinbaren Triebe
betuddelt er mit sehr viel Liebe.

Er spricht mit ihnen voller Güte
und lauert auf die erste Blüte,
stillt ihren Durst, doch mit Bedacht,
und zaubert eine goldne Pracht.
Es scheint, dass sie ihm dankbar winken …
Nur schade, dass sie etwas stinken.

Der Maulwurf

Im Frühjahr ist er meist gut drauf,
wirft haufenweise Erde auf.
Und wird der Kerl auch oft zur Qual,
„umwerfend" ist er allemal.

Die Nachtigall

Die Nachtigall, die Nachtigall
singt laut und schön mit süßem Schall.
Das freut uns zwar, doch mit dem Krach
macht sie uns leider alle wach.

Einsicht

Es war einmal ein Elefant,
der wollte zum Ballett,
doch hat er ziemlich schnell erkannt:
Er ist nicht nur zu fett.
Nein, diese Welt ist nicht die seine,
trotz seiner „Elfen-Beine".

Fliegen ist gefährlich

Ein Luftballon flog übers Meer,
er wollte nach Amerika. Amerika ist schön!
Doch bei Bilbao platzte er ...
Das war nicht vorgesehn.

Ein Mietshaus?

Kater Felix sieht nicht ein,
das hier soll ein Miezhaus sein?
Schaut enttäuscht in alle Ritzen:
Wo sind eigentlich die Miezen?

Der Albatroß

Sein Flug ist einfach königlich.
Beim Landen, da blamiert er sich.

Ein Tag im Juni

Wenn am Morgen die Luft sich wie Seide anfühlt,
wenn ein lauer Wind sanft mit den Grashalmen spielt,

wenn das Quecksilber rasch in die Höhe geht
und das Frühstück geschützt unterm Sonnenschirm steht,

wenn die Mücken sogar vor der Hitze fliehn,
auch die schwarzen Schnecken sich lieber verziehn,

wenn das Mittagessen heute mal karg
nur aus Pellkartoffeln besteht und aus Quark,

wenn man zum Nachtisch sich Erdbeeren gönnt
und spontan von lästiger Kleidung trennt,

wenn faul man am liebsten im Schatten sitzt,
da aber auch nicht viel weniger schwitzt,

wenn die Wiese am Hang eben frisch gemäht
und der Duft vom Heu zu uns rüberweht,

wenn Boote sich nähern und wieder verschwinden,
zwei Entenpärchen das Ufer ergründen,

wenn abends der Halbmond ins Bierchen lacht,
die Froschfamilie ein Froschkonzert macht,

wenn man kein Licht braucht – zu schön, um zu lesen –,
dann ist das ein Bilderbuch-Tag gewesen.

Sommer-Idylle an der Havel

Die meisten planen schon im Winter
ihre Sommer-Urlaubsreise;
es zieht sie fort nach Süden und ans Meer.
Wir aber mögen unsern Urlaub eher leise,
wir haben ein Plätzchen, da erholt man sich viel mehr.

Wir brauchen nicht zum Frühstück
pünktlich zu erscheinen.
Bisweilen fällt es völlig aus.
Besteht auch unser „Strand" fast nur aus großen Steinen,
wir halten 's wunderbar hier aus.

Ein kleines Fleckchen Wiese,
ganz nah am Fluss, jedoch vom Schilf verdeckt,
das reicht für Sonnenschirm und Liege
und ist vor fremden Augen
und Störenfrieden gut versteckt.

Man hört die Blätter rauschen
und Frösche rascheln im Gebüsch
und keinen gibt 's, mit dem wir würden tauschen,
riecht 's manchmal auch ganz penetrant
nach totem Fisch.

Heuschrecken schrecken auf,
geht man zu nah an sie heran.
Man selbst bekommt dabei wie sie auch einen Schreck
und kleine Schneckchen kleben an den Blättern,
die träumen nur und rühr'n sich nicht vom Fleck.

Ein wunderschöner farbenfroher Falter
besucht tagtäglich seine Lieblingsblüte
und Grillen zirpen, doch man sieht sie nicht.
Ein Schwanenpaar, das Hunger hat,
hofft zäh auf unsre Güte …
Und alles ist getaucht in warmes Sonnenlicht.

Die Spinnen weben neue Netze immer.
Wir haben ein Kätzchen, das uns nicht gehört,
das schläft den ganzen Tag in unserm Zimmer,
da wird es von den schwarzen Hunden
im tiefen Schlafe nicht gestört.

Doch hört es uns am Haveluser plappern
am Nachmittag, so etwa gegen vier,
und unsre Kaffeetassen klappern,
teilt sich das hohe Gras
und plötzlich ist das Kätzchen hier.

Natürlich überfällt an schwülen Tagen
uns auch so manche Bremse
und mancher Mückenschwarm,
und ein Stück frischer Bienenstich im Magen
wär uns bedeutend lieber, als so ein Wespenstich am Arm.

Oft brummen große fremde Schiffe
auf unserm grauen Fluss vorüber;
sie transportieren Koks und Kies und so …
Bisweilen grüßt sogar ein Kapitän zu uns herüber,
dann freu'n wir uns und grüßen ebenso.

Ein Amsel-Sommer

Am Havel-Ufer im taufrischen Gras
zwei emsige Amseln. Die planen doch was!
Im dichten Gestrüpp unter einem Baum
erfüllt sich ein heimlicher Amseltraum.

Wie gerne schau ich den beiden zu.
Nie machen sie Pause, nie geben sie Ruh,
sie suchen und stöbern ununterbrochen
und so vergehen die Tage und Wochen.

Wohl tausendmal müssen die Alten fliegen,
um ihre Zöglinge groß zu kriegen.
Fast alles, was da so kreucht und fleucht,
das schleppen sie an. Sie haben's nicht leicht.

Jetzt hab ich das Nest mit den Jungen entdeckt.
Sie tun so, als hätt ich sie gar nicht erschreckt,
man hört nicht mal „piep!", sie sind mucksmäuschenstill,
weil ihre Mutter das sicher so will.

Da hocken sie, vier aneinandergedrängt,
derweil die Sonne erbarmungslos sengt,
die Schnäbel weit auf, sie warten auf Futter
und denken wahrscheinlich, ich sei ihre Mutter.

Oft toben die Hunde, die wilden und schnellen,
herum um den Baum und schnaufen und bellen.
Noch haben sie nicht die Jungen gewittert,
doch denk ich, dass jedes ganz fürchterlich zittert.

Die Katze beim täglichen Beutegang
schleicht häufig durchs Gras und am Baum entlang.
Sie schreitet vorbei so gefährlich dicht …
Warum nur bemerkt sie das Vogelnest nicht?

Ja, Amsel-Eltern sind schließlich nicht dumm.
Sie hüpfen ganz unauffällig herum
und nähern sich vorsichtig und geschickt,
damit ihre Höhle ja niemand erblickt.

Dann ist irgendwann in den Morgenstunden
die Amselfamilie ganz plötzlich verschwunden.
Die sorgenden Alten füttern nicht mehr
und auch der gemütliche Nistplatz ist leer.

Wo mögen sie sein? Was ist nur passiert?
Bestimmt hat die Katze sie aufgespürt!
Ach nein, da im Grase hocken zwei Kleine!
Und dort auf dem Zaun sitzt auch noch das eine!

Das vierte entdecke ich oben am Hang.
So leben sie alle! Na, Gott sei Dank!
Die Katze jedoch ist gar nicht sehr weit,
sie lauert im Grase, zum Angriff bereit,

ist mächtig auf ihre Beute fixiert,
ich will gar nicht sehen, was gleich passiert.
Ein Satz! Oje, nun ist es wohl aus!
Nein, nicht für die Amsel, doch für die Maus!

Die wird sie jetzt stolz ihrem Frauchen schenken.
Wie konnte ich nur so schlecht von ihr denken?
Schnell müssen die Jungen das Fliegen wagen …
Es hat wohl geklappt; sie sind fort seit vier Tagen.

Nun ist unsre sonnige Wiese so leer,
die schwarzen Hüpfer, sie fehlen mir sehr.
Doch sehe ich recht oder täuscht mich mein Blick?
Eins von den vier Jungen kam wieder zurück.

Das hüpft nun wie damals die Amselmutter
durchs gleiche Gras und sucht sich sein Futter.
Vielleicht baut es selber im nächsten Jahr
ein Nest in dem Busch, wo das alte war.

Dann wird es vier neue Amselchen geben
und so wiederholt sich fast alles im Leben.
Wir hoffen, dass schnell der Winter verrinnt
bis wieder ein Amsel-Sommer beginnt.

Frauchens Liebling

Meist bin ich faul, lass mich gern kraulen,
bin manchmal kess und mal ein Dieb,
tu, was ich will und kann auch maulen.
Trotz allem hat mich Frauchen lieb.

Alligator im Garten

Frau Beermann wollt sich grade bücken,
um ein paar Himbeer'n abzupflücken.
Doch ach! Wie groß war da ihr Schreck,
denn ein Reptil lag im Versteck,
es lauerte im Himbeerstrauch.
Sie schlug die Hände auf den Bauch,
dann rannte sie zum Telefon,
die Polizei, die kam auch schon
mit einem Hundefanggerät.
Man hoffte, dass das damit geht.

Ein Polizist kroch in den Busch
und warf dem Alligator, husch!,
das Fanggerät über sein Maul.
Die Echse aber, träg und faul,
die zeigte nicht die kleinste Regung,
nicht mal ihr Schwanz kam in Bewegung.
Da registriert der Polizist,
dass diese Echse keine ist,
nur ausgestopft, ja, nur Attrappe!
Der dumme Streich, der war „von Pappe".

Was heutzutage so passiert!
Wer hat das Viech hier deponiert?

Frau Beermann ist erst spät erwacht.
Sie lag in Ohnmacht – bis halb acht.

Der Keramikgartenwetterfrosch

Ein Wetterfrosch, der ist sehr wichtig,
ein Wetterfrosch liegt meistens richtig.
Gern zeigt er uns das Wetter an,
weil er als Frosch nicht anders kann.

Wenn 's regnet, sitzt er pitschenaß
im pitsche-patsche-nassen Gras.
Kann auch mal sein, es ist nur Tau,
das weiß man niemals so genau.

Und ist er trocken, warm und blank,
dann scheint die Sonne, Gott sei Dank!
Doch kann der Frosch an Kopf und Bein
auch trocken ohne Sonne sein!

So hat der Frosch, der grüne Wicht,
mal Recht und dann auch wieder nicht.
Ein Rat: Hör nicht auf seinen Mist
und nimm das Wetter wie es ist!

Der Wetterhahn

Der Wetterhahn, der Wetterhahn
schaut sich die Welt von oben an,
dreht, schwupp, sein Fähnchen nach dem Wind.
Ich darf das nicht als Menschenkind.

Der Hund ist ein „Schwein"

Wenn er klein ist, geht das Theater schon los:
Kaum sitzt so ein Hündchen bei dir auf dem Schoß,
da lässt es sich gehen, da macht es dich nass,
du hast das Malheur, dem Hund macht das Spaß.
Er kann das nicht wissen, er ist ja noch klein.
Doch selbst ein Hündchen ist manchmal ein Schwein.

Kaum wird aus dem Hündchen ein richtiger Hund,
markiert er alles, da geht 's richtig rund.
Er pinkelt und pirselt nun mal zu gerne
an jeden Baum und an jede Laterne.
An jeder Ecke hebt er sein Bein.
Das schickt sich doch nicht. Der Hund ist ein Schwein.

Er lauert vorm Laden, du kommst endlich raus,
schon spielt er verrückt und ist ganz aus dem Haus,
springt wild an dir hoch mit dreckigen Pfoten,
obwohl er doch weiß, du hast es verboten.
Von oben bis unten saut er dich ein.
Der Hund ist wirklich ein richtiges Schwein.

Kommt eine Hündin des Weges daher,
dann wedelt sein Schwanz, da freut er sich sehr.
Er schnüffelt am Hintern, steigt ungeniert auf.
Dass alle Welt zuschaut, da pfeift er drauf.
Wir Menschen finden das gar nicht so fein,
den Hund lässt das kalt, der Hund ist ein Schwein.

Ein Hund, der will sich im Freien bewegen
und nicht nur bei Sonnenschein, nein, auch bei Regen.

Klatschnass wird sein Fell, und nasses Fell stinkt.
Pfui!, wenn er so stinkend im Sessel versinkt!
Was Besseres fiel ihm wohl grade nicht ein.
Er hat kein Benehmen, ein Hund ist ein Schwein.

Wohl kaum ein Tier kann sich freu'n wie ein Hund,
doch was er so macht, ist nicht immer gesund.
Grad' hat er noch fremden Urin aufgeschleckt
und gleich darauf Herrchens Gesicht abgeleckt.
Das finde ich eklig, das muss doch nicht sein.
Da hab ich doch recht? Der Hund ist ein Schwein!

Am Ufer im Gras liegen Reste vom Fisch,
schon völlig verwest, also nicht mehr ganz frisch.
Er schnüffelt und schnüffelt, macht Purzelbaum,
dann sielt sich drin. Fauler Fisch ist ein Traum!
Jetzt stinkt sein Fell penetrant und gemein …
Igitt! Ein Hund ist doch wirklich ein Schwein!

Und abends kriecht er zu Herrchen ins Bett,
bei Frauchen findet er 's ebenfalls nett,
verliert massig Haare, dazu ein paar Flöhe,
er liebt sie halt, diese menschliche Nähe.
Bei aller Liebe, da sagte ich: Nein!
Ich wüsste was Bess'res. Ein Hund ist ein Schwein!

Und trotzdem ist doch der Hund so beliebt,
weil 's kaum eine treuere Tierseele gibt.
Fest hält er zu dir, auch in größter Not,
sein ganzes Leben lang bis in den Tod.
Und ist er auch manchmal „ein kleines Schwein",
ein Hundeliebhaber wird ihm verzeihn.

Kater Purzel

Katzen, so sagt man, die hätten sieben Leben.
In Vielau bei Zwickau, da soll 's eine geben,
bereits dreiundzwanzig, schon ziemlich betagt,
kaum eine ist älter, egal, wen man fragt.
Es ist Kater Purzel. Faul liegt er im Gras,
denkt weder an Mäuse noch dies oder das.
Und könnte er denken, er dächte zurück
an seine sieben Leben und auch an sein Glück!

Sein erstes Leben schien fast schon zu Ende,
da war er grad fünf und noch recht behände.
Anstatt zu Hause nach Mäusen zu jagen,
schlich er zum Nachbarn, ohne zu fragen.
Neugierig strich er durch dessen Gelände
von morgens bis abends, fand einfach kein Ende.
Der Mann aber wurde fuchsteufelswild.
Rasch hat er sein Luftgewehr aufgefüllt
und wütend geballert, traf Purzel am Kopf ...
Der hat 's überlebt, der arme Tropf.

Zwei Jahre später, da ist er, mit sieben,
halbtot auf der Dorfstraße liegen geblieben.
Er wollte hinüber wie andere auch,
da fuhr ihm ein Pkw über den Bauch.
Das Becken gequetscht! Das war schon fatal ...
Doch der Tierarzt rettete Purzel noch mal.
Erleichtert freuten sich Purzels Freunde,
doch Katzen haben leider auch Feinde.

Mit dreizehn dann – eine Unglückszahl! –
starb Purzelchen beinah zum dritten Mal.
Ein Nachbar behauptete wie besessen,
er hätt seine Zuchttauben aufgefressen
und lockte ihn listig mit viel Geschick
in eine Falle. Da gab 's kein Zurück.
Die Tür verschloss er mit eisernem Riegel,
dann aber setzte es fürchterlich Prügel.
Windelweich hat er den Kater geschlagen …
Der hat sich erholt nach wenigen Tagen.

Purzel ward sechzehn. In jenen Tagen
ging es ihm wieder mal an den Kragen.
Tierquäler verstreuten ein Rattengift,
das allerdings nicht nur die Ratten trifft.
Gewiss war das Futter für Purzel gedacht,
er hat sich auch prompt drüber hergemacht.
Das Gift zerfraß ihm dann fast seinen Magen …
Er kam wieder zu sich so nach acht Tagen.
Wer glaubte, jetzt sei 's um den Kater geschehn,
der sah ihn schon bald wieder schlendern gehn.

Mit neunzehn, auf seiner Entdeckungsreise,
schlich Purzel umher, so nach Katzenweise.
Ein uralter Schuppen war höchst interessant,
doch hat er das Risiko völlig verkannt,
er zwängte sich rein. Ach, war das hier schön!
Von da an wurde er nicht mehr gesehn.
Hier war er gefangen, miaute so sehr …
Fünf Tage verirrte kein Mensch sich hierher.

Dann hat man das Katerchen endlich gefunden,
ganz mager und schwach und reichlich zerschunden.
Schon wieder in Lebensgefahr geschwebt,
doch auch dieses fünfte Mal überlebt!

Purzel, der Stromer, erholte sich schnell.
Nun woll'n ihm die jüngeren Kater ans Fell,
sie können den alten Zausel nicht riechen.
Um Mitternacht kommen sie angeschlichen,
stürzen auf Purzel, der schon recht marode
und beißen und kratzen ihn fast zu Tode.
Er kämpft und er faucht und er gibt alles her …
Ach ja, so ein uralter Kater hat 's schwer!
Zum sechsten Mal ist er davongekommen,
zwar mächtig zerrupft und völlig benommen.

Nun lebt er sein letztes, sein siebentes Leben
und lässt sich von Frauchen das „Gnadenbrot" geben,
dazu jeden Tag eine Herztablette.
Was wäre wohl, wenn er die Pille nicht hätte?
Ganz friedlich liegt Purzel im grünen Gras.
Vielleicht denkt er manchmal: Da war doch noch was?

Doch Miezen, die interessier'n ihn nicht mehr,
das Rumstromern reizt ihn auch nicht so sehr.
Warum soll er eigentlich Mäuse jagen?
Er kriegt ja viel Bess'res für seinen Magen!
Nur Ruhe ist jetzt erste Katzen-Pflicht,
ein achtes Leben hat Purzel wohl nicht.
Bald macht er die Katzenaugen zu …
Dann hat auch die liebe Nachbarschaft Ruh.

Schüttelreime

Reizender Anblick

Siehst du den Kerl im Weiher baden?
Mein Gott, hat dieser Bayer Waden!

Verrückt!

Bekloppt ist, wer mit Heidekraut
wie 'n Irrer auf die Kreide haut.

Dumm gelaufen

Er lernte jüngst zwei Flittchen kennen …
Jetzt hört man ihn im Kittchen flennen.

Typisch Mann!

Scharfe Männer füllen Hallen,
wenn auf der Bühne Hüllen fallen.

Wie vornehm!

Einzig im „Aparten Zoo"
zeigen Affen zarten Po.

Auf Sächsisch:

Wir wärdn wohl gaum Luft griechen,
wenn wir erscht in dor Gruft liechen.

Hungriger Elch

In Weißrussland lebte ein Elch, ein noch junger,
der hatte von früh bis spät immer nur Hunger,
die Steppe ringsum fraß er ratzekahl leer,
es blieb nicht ein einziges Grashälmchen mehr.

Danach lief er fort, Richtung Westen, nach Polen,
um dort in den Wäldern sich Nahrung zu holen.
Er knabberte sich systematisch voran
und kam irgendwann links vom Polenland an.

Oft hörte er munkeln: Noch weiter im Westen,
da sei es viel besser, da sei es am besten,
da gäb's keinen Hunger, mit Hunger sei Schluss ...
Doch ging's hier nicht weiter, es störte ein Fluss.

Zu Fuß durch das Wasser kann kaum einer kommen.
Für ihn kein Problem: Er ist rübergeschwommen,
ganz unbemerkt nachts durch die Oder hindurch
und landete glücklich in Brandenburg.

Hier allerdings sah es recht fremdländisch aus:
Es gab keine Steppe wie damals zu Haus.
So war unser Jung-Elch nicht wenig verwirrt
und hat sich in Brandenburg mächtig verirrt.

Bei Byhleguhre im Spreewald war Schluss
und schuld daran war dieser Linienbus. –
Es war noch fast dunkel, noch früher als früh
und mit Elchen rechnete man hier sonst nie.

So hat auch der Busfahrer keinen vermutet,
hat völlig verschreckt dreimal heftig getutet …
Zu spät! Schon krachten sie beide zusammen:
der Elch und der Bus und es gab nicht nur Schrammen!

Der Elch, der verstarb und man räumte ihn weg,
verwischte die Spuren, es blieb nicht ein Fleck.
Ein Jäger, der anfangs noch denkbar bewegt,
hat später die Leiche weidmännisch zerlegt.

Sie wurde gebraten, geschmort und gegessen.
Bekanntlich zählt „Elch" zu den Delikatessen.

Ich rate nur jedem: Es ist schon am besten,
man suche sein Glück lieber nicht hier im Westen.
Drum bleib, wo du bist und ernähre dich redlich;
die Flucht nach dem Westen, die endet oft tödlich!

Böser Zwischenfall

Ein bläulicher Kanarienvogel
war krank, er konnte kaum noch sehn.
So musste Frauchen mit ihr'm Liebling
zum Tierarzt Doktor Rabe gehn.

Der meinte, ja, er könne helfen,
besah sich dieses zarte Tier,
doch grad, als er beginnen wollte,
schlich sich sein Kater rein zur Tür.

Schon schnappte – hast du nicht gesehn! –
den armen Vogel sich der Kater
und fraß ihn auf mit Haut und Haar ...
Das gab ein Mordstheater!

Einbrecher

Wer recht nahe bei der Stadt
einen Schrebergarten hat,
ackert fleißig mit viel Müh
in der Laubenkolonie.
Jeder grüßt mit: „Guten Morgen!"
Einer kennt des andern Sorgen
und man hilft, so gut man kann,
alle packen tüchtig an
und so läuft hier alles friedlich,
jeder macht es sich gemütlich.

Leider aber wird seit Wochen
immer wieder eingebrochen.
Ja, es wurde unverhohlen
hier und da sogar gestohlen.

Also halten heute Nacht
zwei der Laubenpieper Wacht,
trinken rasch noch einen „Kaffe",
nehmen ihre Schreckschusswaffe,
Holz-Kochlöffel, Suppenkelle,
was sie finden auf die Schnelle,

und dann schleichen sie zur Mauer,
legen dort sich auf die Lauer
und erwarten still die Diebe:
„Kommt nur her! Gleich gibt es Hiebe!"

Prompt entdecken die zwei Männer
dort im Dunkeln ein paar Penner,
die sich durch die Büsche schleichen
und sogleich den Zaun erreichen.
Ede flüstert: „Komm jetzt! Los!" …
Das Geschrei ist riesengroß.
Hans und Ede, beide kräftig,
schlagen wutentbrannt und heftig
auf die Dunkelmänner ein,
rechts und links: „Was fällt euch ein?
Lasst euch hier nie wieder sehn!"

Doch die Dunkelmänner flehn:
„Hört doch endlich auf! Verflucht!
Wir sind *nicht* die, die ihr sucht!
Wir sind Schmidts, drei Gärten weiter!"
„Mensch", meint Ede, „ist ja heiter!
Das ist in der Tat ein Witz!"
Er entschuldigt sich bei Schmidts,
die im Busch zu später Stunde
hockten aus dem gleichen Grunde,
Jagd auf Plünderer zu machen.

Plötzlich mussten alle lachen,
und versöhnt ziehn dann die vier
noch zu Ede – auf ein Bier.

August-Regen

Hab mich ins Gebüsch verzogen,
Himmel ist so grau verhangen,
Wetterdienst hat uns belogen,
Regen hat schon angefangen.

Sonne sollte heute scheinen,
dreißig Grad sind angesagt,
doch Bikini braucht man keinen,
wollne Decke ist gefragt.

Tropfen fallen mehr und mehr
monoton aufs Blätterdach.
Schlafen aber fällt mir schwer,
eine Fliege hält mich wach.

Also döse ich und sinne
so hinein in blauen Dunst.
Neben mir zeigt eine Spinne
webend, knüpfend ihre Kunst.

Schwäne ziehen wie im Reigen,
sie sind ohnehin schon nass,
von den Fischen ganz zu schweigen,
ihnen macht der Regen Spaß.

Schneckchen, das im Nassen sitzt,
hat sich in ihr Haus verkrochen,
ist vorm Regen gut geschützt,
hält es aus in solchen Wochen.

Hunde, nass vom Nieselregen,
sind paniert mit feuchtem Sand,
toben freudig mir entgegen,
völlig außer Rand und Band.

Kätzchen kommt nicht aus dem Haus,
hat sein Plätzchen eingenommen,
ruht sich von der Nachtpirsch aus,
hofft, dass bessre Tage kommen.

Ein heißer Sonntagmorgen

Die Hitze hat die Stadt gelähmt,
kein Mensch wagt sich in diese Sonnenglut.
So still war 's nie – und keiner schämt
sich, weil er schwitzt und sonst nichts tut.

Wer 's konnte, ist beizeiten ausgeflogen
und sucht woanders Schatten oder Kühle.
Wer hier blieb, hat sich still zurückgezogen,
im Haus erträgt er tapfer diese Schwüle.

Nur Struppi schlürft mit Frauchen eine Runde
und hebt benommen das geschwächte Bein
und das zu allerfrühster Morgenstunde,
denn das, was sein muss, das muss sein.

Ein Tier, ein Tier!

Die Giraffe, die Giraffe
ist viel größer als ein Affe
und nur in Afrika zu Haus,
sieht außerdem ganz anders aus.

Der Elefant, der Elefant,
der wird zumeist total verkannt.
Man denkt, er trampelt alles um;
das macht er nicht, er geht drum rum.

Das Dromedar, das Dromedar
hat einen Höcker, das ist klar.
Denn hätt es zwei, das wissen wir,
dann wäre es ein Trampeltier.

Das Krokodil, das Krokodil
hat scharfe Zähne und zwar viel.
Es lauert gut getarnt im Sumpf,
schnappt alles weg mit Stiel und Stumpf.

Den Pandabär, den Pandabär,
den lieben alle Kinder sehr.
Er frisst und frisst, soviel er hat,
doch Bambus macht nicht grade satt.

Das Hündchen, das Hündchen,
das wiegt nur ein paar Pfündchen.
Noch ist es klein, bald ist es groß,
dann passt es nicht mehr auf den Schoß.

Der Kater, der Kater
macht allerhand Theater,
stibitzt sich frech den dicksten Fisch,
verschlingt ihn unterm Küchentisch.

Das Gänschen, das Gänschen
ist ganz verrückt nach Hänschen.
Schnapp!, hat es ihn ins Bein gebissen!
Ratsch!, seine Hose ganz zerrissen!

Die Schnecke, die Schnecke
bleibt meistens auf der Strecke.
Sie würde sehr viel schneller rennen,
könnt sie sich von ihr'm Häuschen trennen.

Der Papagei, der Papagei,
der plappert laut und allerlei.
Da ist er gar nicht kleinlich;
das ist schon manchmal peinlich.

Der Kakadu, der Kakadu,
der lärmt und schreit nur immerzu.
Das ist kaum zu ertragen;
wie soll man ihm das sagen?

Der Drachen, der Drachen
hat einen großen Rachen.
Doch keine Angst, mein Drachen hier
ist friedlich und – nur aus Papier!

Fünf Limericks

Ick war letztet Jahr mit Amalien
in Urlaub ooch mal in Italien.
Wir ham et beäucht
und sin übazeucht:
Am scheensten ist 's hier mang de Dahlien!

Da wollte einst in Angerhausen
ein vornehmer Herr kurz was schmausen.
Es gab nur 'ne Bemme
in dieser Kaschemme.
Danach musste man ihn entlausen.

Frau Julia fuhr nach Worpswede,
die Maler dort malen doch jede,
verkaufte sich schnell
als Aktmodell,
doch davon war gar nicht die Rede.

Knastbruder Hein floh nach Bingen,
um hier in den Kneipen zu singen.
Er sang wirklich gut,
der Mann zeigte Mut,
so lange, bis dass sie ihn fingen.

Sie kriegt immer H-Milch zu schlecken,
im Federbett darf sie sich recken,
wir schmusen mit ihr
und der Dank dafür?
Sie pieselt in all unsre Ecken!

Altweibersommer

Noch einmal zieht es uns hinaus,
die letzten warmen Tage zu genießen,
bevor der Herbst von allem hier
Besitz ergreift.
Die Luft, wie Seide, streichelt unsre Haut,
kein Lüftchen weht,
der Himmel milchig-blau,
ein leichter Dunst liegt auf den Wiesen
und Silberfäden ziehen still vorbei,
sie bleiben an den hohen Gräsern hängen,
verbinden zärtlich Halm mit Halm.
Wie Edelsteine funkeln kleine Tröpfchen.
Es ist so still ringsum,
die Vögel singen längst nicht mehr
und wie von unsichtbarer Hand gepflückt,
schwebt Blatt auf Blatt zur Erde nieder.

Endlich wieder da!

Drei Wochen lang
war unser Kätzchen verschwunden.
Warum hat es nur nicht
nach Hause gefunden?
Hat es denn nicht
unsre Sehnsucht verspürt?
Jetzt tut es,
als sei überhaupt nichts passiert.

Typisch Anfänger!

Vom Versuch, eine E-Mail zu senden

Das Internet, das schafft mich ja!
Nie macht es, was ich will.
Ich klicke hier, ich tippe da,
nichts tut sich, es bleibt still.

Man sagt zwar, das sei kinderleicht,
das schafft man in Sekunden.
Ich schwitz – bin schon ganz aufgeweicht –
schon zweidreiviertel Stunden,

hab alles richtig eingedrückt:
Benutzer, Passwort und so weiter …
Doch mein PC ist eingenickt,
nichts geht mehr! Ist ja heiter!

Kein Fragezeichen lässt sich drucken,
kein Semikolon oder so …
Das WEB.DE hat seine Mucken;
ich glaub, ich geh erst mal aufs Klo.

Angeblich kann man seinen Text
mit Blumen schmücken oder Herzen.
Bei mir ist alles wie verhext.
Kein Herz! Ich glaub, die scherzen!

Abwechselnd schalt ich an und aus,
das richt'ge Feld will nicht erscheinen,
der Pfeil ist weg, es streikt die Maus …
Fürwahr, es ist zum Weinen!

Verständnislos sitz ich davor,
denn ohne Maus geht nichts voran.
Wie eine Kuh das neue Tor
starr' ich den Bildschirm an.

Ich schalte aus zum sechsten Mal,
allmählich steigert sich die Wut,
die Zeit vergeht, doch nicht die Qual ...
Da hör ich neben mir: Tut! Tut!

Ich Esel! Jetzt erst komm ich drauf.
Kein Wunder, dass nichts funktioniert:
Das Telefon lag gar nicht auf.
Die Leitung war blockiert.

Ein Stein löst sich aus meiner Brust,
bin stolz, dass nach drei Stunden,
trotz Haare raufen und trotz Frust,
ich es herausgefunden.

Auf einmal geht 's! Warum nicht gleich?
Es musste ja mal glücken.
Jetzt kann ich die mit Herzen reich-
verzierte E-Mail schicken.

Warum auf meine alten Tage
ich mich mit Internet rumplage?
Die Antwort ist so klar wie schlicht:
Es gäbe sonst nicht – dies Gedicht!

Mein „tolles" Gemälde!

Schon grüßt uns der Herbst mit bunter Palette
voll herrlicher Farben: Gold, Gelb, Rot und Braun ...
Ach, wenn ich doch solche im Malkasten hätte!
Am liebsten würd' ich sie alle klau'n.

Tiefblau strahlt der Himmel, ganz wunderbar!
Er blickt durch die Zweige, so frisch und so rein,
kein Blau aus der Tube leuchtet so klar.
Da lass ich das Malen doch lieber gleich sein.

Natürlich sind Herbsttage häufig auch rau,
mit heftigen Stürmen, nass, kalt und schaurig
und dann wieder neblig, nur Grau in Grau.
Ein graues Bild aber macht mich so traurig.

Ich wart auf den Winter, wenn alles verschneit ist.
Ach nein, da wär mein Gemälde nur weiß.
Den Frühling, den mal ich! Doch ob das gescheit ist?
Das Grün zu mischen ist schwierig, ich weiß.

Den Sommer malen? Ich glaub, das geht schief.
Da ist es zu heiß und da stechen die Mücken
und außerdem hat man ein „Sommer-Tief",
da wird einem kaum ein Sommerbild glücken.

Und wieder ist Herbst und die Farben leuchten.
Sie machen mir Lust und bereiten doch Qualen,
denn, ehrlich gesagt, jetzt muss ich was beichten:
Ich möchte zwar gern, doch ich kann gar nicht malen!

Zum Weiterreimen

Ein Auto kann man bremsen und auch die Eisenbahn,
ein Fahrrad, einen Roller und einen Äppel…

Man kann den D-Zug stoppen, auch einen Omnibus,
selbst tausend Demonstranten und manchen Redefl…

Man kann das Licht abdrehen und auch den Wasserhahn,
das Fernsehn und das Radio und den Computerw…

Die Seilbahn lässt sich stoppen, ja selbst die Arbeitswut
sowie der Zahnarztbohrer; das tut besonders …!

Ein Tiger lässt sich bändigen und manches Ungeheuer,
sogar ein großer Windhund und dein Milchreis auf dem F…

Der Feind, der lässt sich stoppen und selbst die Feuerwehr
und häufig auch manch Temperament, genauso der Ver…

Die Pferde kann man zügeln und seinen Appetit,
den Sänger unterbrechen in seinem schönsten L…

Der Fußpilz lässt sich stoppen, ein Thermometer auch
und mit Geduld und Disziplin die Speckschicht auf dem B…

Den Traktor kann man bremsen, sogar den „Schiefen Turm",
den LKW, die Schwebebahn, auch Maus und Regenw…

Schnupfnasen kann man stoppen sowie die Magensäure,
sein Hobby und den Weinkonsum, die Aktie auch, die t…!

Man kann den Fluss aufhalten, ja selbst die Polizei,
wenn 's sein muss, auch ein Karussell und manche Dude...

Den Fußball kann man stoppen und manchmal den Elfmeter,
verrückte Fans im Stadion und nervende Tromp...

Ein Feuer kann man löschen und meistens auch den Durst
und bremsen kann man mit Geschick sogar die große W...!

Ein Läufer lässt sich stoppen, auch Arbeitslosigkeit,
man kann die Uhr anhalten, doch leider nicht – die Z...!

Die Zeit vergeht, die Zeit verrinnt und ehe man 's gedacht,
da ist man plötzlich achtzig, wenn morgens man er...

Das geht den Menschen wie den Leuten, so ist des Lebens Lauf.
War auch nicht immer alles gut, wir pfeifen einfach dr...

Mal gab es Sonne und mal Regen und wenn man ehrlich ist,
dann sieht man ein und gibt es zu: Nicht alles war nur M...!

Schüttelreim

Bei Tisch hört man den Meister klagen,
gar arg quält ihn sein Kleistermagen.

Zu früh gefreut

(Pilze unter sich)

„Ich bin der rote Punkt im Wald,
beliebt, bekannt bei Jung und Alt.
Mein Hut, der leuchtet meilenweit
und wer mich sieht, der ist erfreut.
Und doch, obwohl ich wunderschön,
lässt man uns Fliegenpilze stehn,
denn jeder weiß, da denkt er richtig,
wir sind zwar schön, doch ganz schön giftig!"

Der Steinpilz spricht: „Du hast es gut!
Ich hab zwar einen braunen Hut
und muss mich trotzdem noch verstecken,
damit sie mich nicht gleich entdecken,
denn leider schmecke ich sehr gut.
So bin ich immer auf der Hut,
sonst kann es sein, ich armer Tropf
werd morgen schon geschmort im Topf."

„Mir geht es ganz genau wie dir,"
sagt die Marone. „Seht nur, hier,
da hat mich einer angefasst
und blaue Flecken mir verpasst,
nur deshalb ließ er mich zurück,
da hatte ich ein Riesenglück!
Der wusste nicht, dass trotz der Flecken
Maronen ausgezeichnet schmecken."

Drei Pfifferlinge, winzig klein,
die mischen sich jetzt auch mit ein,
denn sie mit ihrem gelben Kleid,
die leuchten hell und leuchten weit:
„Was meint ihr wohl, wie wir erst schmecken!
Ihr würdet euch die Finger lecken!
Mit Zwiebel und gebrat'nem Speck,
da sind wir rucki-zucki weg!"

Die Morchel lacht, hat ihren Spaß:
„Macht 's so wie ich! Ich stink nach Aas.
Mich mögen nur die dicken Fliegen,
die Menschen lassen mich links liegen.
Ich nehme an, dass ihr kapiert,
dass mir so schnell wohl nichts passiert.
Ich tauge für kein Pilzgericht,
denn wer so stinkt, den mag man nicht!"

Da kommt ein Mensch, der rümpft die Nase.
Er wittert widerliche Gase:
„Pfui Teufel! Puh! Hier riecht 's nach Aas!"
Er sucht im Busch, er sucht im Gras,
und dann im Sand, ein wenig später,
entdeckt er diesen Übeltäter.
Er holt den Spaten, gräbt ihn aus
und um und zu und geht nach Haus …

Stinkmorchel hat zu früh gelacht.
Vorbei! Das hätt sie nicht gedacht.

Oktobermorgen in der Stadt

Der Nebel hat die Stadt belagert,
hat sich den Kirchturm einverleibt,
ein Täubchen tuckelt, Futter suchend,
quer übern Damm,
fast lautlos torkeln gelbe Blätter
und braune auf den feuchten Boden.
Kalt ist es über Nacht geworden.
Es fröstelt mich. Der Sommer
hat sich aus dem Staub gemacht.

Limericks

Herr Besenbusch nahe bei Münster,
der hatte den Garten voll Ginster.
Der leuchtete weit,
es war eine Freud …
Nur nachts nicht, da war alles finster.

Da war mal 'ne Frau, namens Kimmel,
die Limericks waren ihr Fimmel.
Ihm riss die Geduld,
die Limericks war'n schuld …
Jetzt dichtet sie weiter – im Himmel.

Ein Kürbis-Leben

Ein grüner Knirps auf Komposterde
träumt, dass er mal ein Kürbis werde,
gar prächtig leuchtend, wenn es geht,
genau wie es im Buche steht,
genießt die Sonne und den Regen
und tut sich möglichst nicht bewegen.

Er wird gehegt, er wird gepflegt
von Laubenpiepern unentwegt.
Auch redet man ihm häufig zu:
„Gib dir mal Mühe, Kleiner du!"
Er wird gedüngt und gut begossen,
so wächst der Winzling unverdrossen,
geht in die Höhe, in die Breite
und macht den Pflegern täglich Freude.

Der Sommer geht zu Ende, leider!
Der Kürbis aber wölbt sich weiter.
„Oje! Der wächst uns übern Kopf!
So passt er ja in keinen Topf!"
Schon vierzig Kilo zeigt die Waage.
Nun aber Schluss jetzt! Keine Frage!
Vor allem darf man nicht vergessen:
Wer soll bloß diesen Koloss essen?

Der Mensch, und fällt es ihm auch schwer,
kommt schließlich mit dem Messer her
und spricht: „Es tut mir schrecklich leid,
doch kommt für jeden mal die Zeit.

Längst bist du reif und auch schon alt
und nachts, da wird es bitterkalt,
denn immerhin ist ja schon Herbst.
Zeit, lieber Scholli, dass du sterbst!"

So hat man ihm ganz ungehemmt
die Lebensader abgeklemmt,
im Wagen ihn nach Haus verfrachtet
und ohne Gnaden ausgeschlachtet.
Zwar flossen Tränen, zwei bis drei,
doch jeder Schmerz geht mal vorbei.

Längst hieß es: Leute animieren
und sie zum Kürbis-Schmaus verführen.
Wer hat wann Zeit und wer wann keine?
„Mensch, Leute, macht euch auf die Beine!
Hier ist was los, kommt schnell herbei
zu unsrer Kürbis-Völlerei!"

Da gibt es Auflauf, Eintopf, Suppe …
Und was man wählt, ist völlig schnuppe,
weil ein Gericht genau so gut
wie jedes andre schmecken tut.

Wie lang' ein Kürbis reifen muss
und ach, wie kurz ist der Genuss!
Doch wird man so ein Kürbis-Essen
in seinem Leben nie vergessen.

Ein letztes Mal begießen wir
den Scholli, aber diesmal hier!

Geschafft!

Geschafft: das Essen ...
Geschafft: die Gäste ...
Geschafft: die Hausfrau ...
Wer isst die Reste?

Vorbei: die Stunden ...
Vorbei: das Lachen ...
Vorbei: der Abwasch
und all die Sachen.

Es bleibt ein satter
voller Magen
und: euch ein Dankeschön
zu sagen!

Immer dasselbe ...

Wär ich nur um viertel sieben,
als ich auf war, aufgeblieben!

Das Kaninchen

Es hoppelt munter
durch den Wald,
dann macht es halt,
direkt vor einer Schlange ...
Nicht lange!

Nach einer Zahn-Implantation

Es ist geschafft! Man hat es überstanden.
Schön war es nicht; fast wäre man dabei erstickt.
Ein Glück, man lebt! Und somit ist man noch vorhanden
und man bedankt sich, weil sich das so schickt.

Dann schleicht man heimwärts, immer noch benommen …
Und blutverschmiert? Man zeigt sich lieber nicht.
Ist man zu Hause endlich wieder angekommen,
prüft man im Spiegel erst mal heimlich sein Gesicht.

Am liebsten ginge man sofort zu Bette,
man möchte sich in weiche Kissen wühlen.
Doch halt! Zunächst erst mal die Schmerztablette!
Und nicht vergessen: kühlen, kühlen, kühlen …

Was dem Patienten vom Moment an alles blüht,
das ist so eine Art Beschäftigungstherapie.
Er sieht nur zu, dass er auch ja nichts übersieht,
sonst heilt der strapazierte Kiefer nämlich nie.

Da sind Tabletten gegen allzu starke Schmerzen,
teils für den Tag, teils für die lange Nacht.
Man nimmt das ernst und außerdem sich sehr zu Herzen,
damit man alles gut – und zweitens richtig macht.

Sehr wichtig sind vor allem die dicken Antibiotika.
Dreimal am Tage sollte man die Dinger schlucken,
bis zwanzig Kapseln intus sind. Nun ja,
man würgt sie runter, ohne einmal aufzumucken.

Die frische Wunde spülen, heißt es, jeden Tag,
am späten Abend und genauso früh am Morgen
mit Hexamed, das ich nun absolut nicht mag.
Man hat 's nicht leicht mit seinen neuen Sorgen.

Natürlich demonstriert man seinen guten Willen,
ist völlig klar; man will, dass alles wieder stimmt.
Doch kommen außer Kapseln, außer Pillen
noch die dazu, die man sonst sowieso schon nimmt.

Der Blutdruck muss exakt geregelt werden,
genau wie die Durchblutung im Gehirn.
Es könnte nämlich sein, man kriegt Beschwerden,
dann platzt der dicke Kopf – hinter der Stirn.

Und da die blöde Nase wieder mal verstopft,
wird kurz gesprüht, wie das wohl jeder kennt,
und in die Augen wird ein Mittelchen getropft,
weil 's da mal wieder ganz verteufelt brennt.

Nicht schaden kann es, konsumiert man täglich
für die Gesundheit regelmäßig Vitamine
und macht zu allem, falls es irgend möglich,
selbst wenn es schwer fällt, eine gute Miene.

So nach zwei Tagen schwillt ganz doll die heiße Wange,
obwohl man sie doch permanent gekühlt!
Das Spiegelbild, das macht schon ziemlich bange,
weil man bei dessen Anblick sich wie ein Monster fühlt.

Man sieht ein Hämatom sich malerisch verbreiten
in Lila, Rot und Blau, dann später gelb und grün.
Ach ja, man muss so allerlei erleiden,
schaut lieber weg und schielt doch immer wieder hin.

Man kann nichts essen, kann auch kaum was trinken.
Was sonst so wichtig ist, wird plötzlich einerlei.
Man möchte einfach nur ins Nichts versinken ...
Doch Gott sei Dank! Auch das geht irgendwann vorbei.

Es dauert dann auch gar nicht so sehr lange,
dann sieht – ganz tapfer hielt man alles aus –
am dritten Tag zwar nicht die dicke Wange,
jedoch die Welt schon wieder sehr viel schöner aus.

Die guten Lebensgeister kehren endlich wieder,
was gestern doch noch fast unmöglich schien,
und es erholen sich sogar die trägen Glieder ...

Am Mittwoch geht 's zum Fäden ziehn!

Zu ärgerlich!

Sicher hast du 's schon gewusst:
Bremsen bremsen jede Lust.

Euro: Teuro! *(2002)*

Das Jahr begann wie jedes Jahr
Punkt null am ersten Januar.
Mit Feuerwerk kam 's auf die Welt
und funkelnagelneuem Geld.
Den Euro hat kein Mensch gewollt,
er hat uns förmlich überrollt.

„Wenn das man bloß kein Fehler war!",
so zweifeln viele, ist doch klar,
denn schließlich sind in all den Jahren
wir mit der D-Mark gut gefahren.
Doch nun verlässt uns unsre Mark,
kommt nie zurück und das ist arg.

Es geht uns echt durch Mark und Pfennig.
Das soll ein Fortschritt sein? Das kenn ich!
Kein klitzekleines Pfennigstück,
das man so fand, bringt jetzt noch Glück.
Ach, lieber Pfennig, tust mir leid,
kein Cent bringt jemals so viel Freud!

Hat man den Euro auch verpönt,
schnell hat man sich an ihn gewöhnt.
Bedenken gab es sicherlich.
Jetzt, wo er da ist, freut man sich,
manch Trottel sogar ungeheuer:
Sein Schnaps ist nur noch halb so teuer.

Wer helle ist, hat längst kapiert:
Sein Konto wurde glatt halbiert.
Halbiert hat sich, wie ich grad seh,
sogar mein dickes Portmonee,
verdoppelt aber, das schmerzt sehr,
ganz klar: der Weg zum Millionär!

Schwarzfahrer

Ein Geizhals fährt meist ohne Schein.
Er will das Fahrgeld sparen,
obwohl er weiß, die BVG
lässt „ohne" keinen fahren.

Ehrlich!

Noch nie in meinem ganzen Leben
hab ich gelogen –
                außer eben!

Mein kleiner großer Weihnachtswunsch

Ein Weihnachtswunsch und sei er auch klein,
so kann er mitunter der wichtigste sein.
Man braucht nämlich, wenn ich es recht bedenke,
nicht unbedingt viele und teure Geschenke.

Bescheiden und schlicht ist mein Weihnachtswunsch.
Ich wünsch mir zum Beispiel nicht Sekt oder Punsch,
ich brauch keinen Schal und kein seidenes Tuch,
auch Bücher hab ich schon mehr als genug.

Ich brauch weder Armband noch Ring oder Kette,
CD nicht, Computer oder Kassette,
mir fehlt keine Reise und auch keine Kur,
schon gar keine Schwarzwälder Kuckucksuhr!

Ein pikfeines Auto, das brauche ich nicht
sowie einen Kleiderschrank, innen mit Licht,
und auch keine kostbaren Taschentücher,
kein Meerschweinchen, Hamster und andere Viecher.

Zum Naschen? Na gut, ein winziges Stück!
Mir fehlt, ganz ehrlich gesagt, nichts zum Glück.
Nur Weihnachtsstimmung, die wünsche ich mir,
Weihnachtsstimmung, so richtig wie früher!

Vielleicht, wenn die Kerzen am Tannenbaum strahlen,
vergessen die Vorbereitungsqualen,
wenn 's draußen dann dunkelt und schneit, kann es sein,
zieht doch noch die Weihnachtsstimmung ein.

Mein kleiner Weihnachtsbaum

Tannenbäumchen im Winterwald,
bald stehst du im Regen, bald stehst du im Schnee.
So kurz sind die Tage, die Nächte so kalt
und der Sturm tut dir manchmal sehr weh.

Mein kleiner verträumter Tannenbaum,
du rührst dich wohl nie von deinem Fleck?
Oder wagst du in deinem kühnsten Traum
dich doch einmal unbemerkt weg?

Schwebst leise davon in weite Ferne,
wo Tausende bunte Lichter flimmern?
Vermutlich wärst du doch auch mal gerne
in warmen, gemütlichen Zimmern,

wo trauliche Weihnachtslieder erklingen
und glückliche Kinderaugen strahlen,
wo alle von dir, mein Bäumchen, singen
und sogar Bilder von dir malen!

Warte, mein Bäumchen, ich buddele dich aus,
du sollst nicht da draußen erfrieren.
Ich hole dich einfach zu mir nach Haus
und werde dich herrlich verzieren.

Ganz zauberhafte Weihnachtssterne,
gebastelte Engelchen aus Stroh,
auch Holzfigürchen schenk ich dir gerne;
die Farben kleiden dich so.

Dann strahlst du an jedem Abend hell,
erfreust uns bis in den Januar.
Nur schade, die Zeit vergeht leider so schnell.
Doch was ich dir sage, ist wahr:

Mein Weihnachtsbäumchen, so ganz ohne dich,
das solltest du unbedingt wissen,
wär's gar nicht wie Weihnachten für mich.
Ich möchte dich niemals missen.

Mein liebes Bäumchen, eins glaube mir:
Wenn wir noch ein klein wenig warten,
dann pflanze ich dich, das versprech ich dir,
zu Ostern in meinen Garten.

„Alle Jahre wieder …"

So schnell, viel zu schnell ist das Jahr vergangen
und hat doch mal eben erst angefangen.
Frühling, Sommer und Herbst sind dahin
und schon hat man Weihnachten nur im Sinn.
Du zündest ein Lichtlein an, zwei, drei, dann vier,
ein Tannenbaum wartet bereits vor der Tür,
gemütlich sitzt man beim Kaffee, beim Tee …

und leise, ganz „leise rieselt der Schnee".

Jetzt herrscht in den Straßen emsiges Treiben,
Kerzenlicht glänzt hinter Fensterscheiben,
auch herrliche Lichterketten und Sterne.
Schaufenster locken, man kauft einfach gerne.
Weihnachtslieder von hier und von dort
berieseln die Menschen in einem fort.
Es weihnachtet mächtig, das sehen wir ein,

drum „lasst uns jetzt froh und munter sein!"

Und lasst uns auch über den Weihnachtsmarkt wandeln!
Da duftet es gut nach gebrannten Mandeln.
Märchenfiguren stehn rings um uns her:
Schneewittchen, das Rotkäppchen, auch ein Bär!
Und Hänsel und Gretel! Das Knusperhaus!
Das sieht richtig echt und verführerisch aus.
Am Zaun dort die Hexe, die lockt jedes Mal:

„Ihr Kinderlein, kommet, o kommet doch all!"

Ein junger Mann schleppt einen Tannenbaum,
so groß und so schwer, er schafft ihn wohl kaum
und seine Frau ist mit Päckchen beladen.
Für wen? Das wird sie doch nicht verraten.
Hier schnuppert man backfrische Pfefferkuchen.
Zu gerne würde man die mal versuchen.
Backende Hände, klebrige, mehlige ...

„O, du fröhliche, o, du selige ..."

Schneeflöckchen tänzeln hernieder so fein,
sie hüllen die graue Welt watteweich ein.
Mit Schlitten eilen die Kinder herbei,
gleich gibt es die herrlichste Schneeballerei.
Ein Hund hinterlässt seine Spuren im Schnee,
wie Zauber versickert der kleine See.
Sein Herrchen strauchelt, stürzt mitten hinein ...

Ach, „Joseph, lieber Joseph mein!"

Ein Weihnachtsmann huscht mit dem Fahrrad ums Haus.
Der sah doch genau wie mein Nachbar aus!
Und dort in der Kirche übt fleißig der Chor.
„Kommet, ihr Hirten!", so klingt 's an mein Ohr.
Wir müssen uns sputen, bald ist es soweit,
bis Heiligabend ist nicht mehr viel Zeit!
Herbei, herbei! Packt alle mit an,

denn „morgen kommt der Weihnachtsmann!"

„O, Tannenbaum ...", hört man und andere Lieder.
Der Christbaumschmuck? Ja, wo ist der nur wieder?
Immer das gleiche, es ist doch verrückt!
Dann endlich wird doch noch die Tanne geschmückt,
Geschenke sind fertig, Kartoffelsalat,
die Wiener Würstchen liegen parat
und irgendwann ist die Arbeit gemacht ...

Man atmet tief durch – und singt: „Stille Nacht ..."

Mein Scharbeutz

Nie reise ich nach Schleiz und Greiz,
mach niemals Urlaub in der Schweiz,
doch das hat nichts zu tun mit Geiz,
ich schwöre einfach auf Scharbeutz!

Ich weiß, ich weiß, so mancher scheut 's,
er kennt nicht den besond'ren Reiz.
Doch ich muß sagen, mich erfreut 's,
mein heißgeliebtes Ziel: Scharbeutz.

Da ist die Ostsee einerseits
und schöne Landschaft and'rerseits.
Es ist und bleibt schon was Gescheit's,
ein Winterurlaub in Scharbeutz.

Hier kann man wandern, gut fürs Kreuz
und für die Beine beiderseits;
das int'ressiert doch allerseits.
Kommt also her! Kommt nach Scharbeutz!

Zwar regnet 's mal und manchmal schneit 's.
Ganz naß zu werden, ich vermeid 's.
Und krieg ich Schnupfen, ja dann schnäuz'
ich laut und heftig durch Scharbeutz.

Nun seid Ihr sicher voll des Neid's?
Ich schwärmte anfangs ja bereits:
Nichts Schön'res gibt es als Scharbeutz!
Und wer nicht her kommt, der bereut 's.

Die guten Vorsätze

Was hatte man sich vorgenommen!
Wie anders ist es doch gekommen.

Das Jahr verging schnell wie im Flug,
man hatte gar nicht Zeit genug,
um das, was man so alles wollte
und überhaupt nicht, was man sollte,
kurz, das, was man beschlossen hat,
auch umzusetzen in die Tat.
Nun ist es wieder mal soweit,
das Jahr vorbei, da wird es Zeit,
zu planen, eine Seite voll,
was endlich anders werden soll.
Da fällt mir eine Menge ein
und diesmal werd' ich eisern sein!

Und wird das nichts im Januar,
dann wird es halt im Februar.
Wenn nicht, ich schwör' es, Hand aufs Herz,
doch ganz bestimmt im Monat März
und wenn auch dann nicht, so Gott will,
auf alle Fälle im April.
Ich nehm's mir vor, es bleibt dabei.
Kann sein, es dauert auch bis Mai,
womöglich kann's im Juni sein,
den Juli räum ich auch noch ein.
Dann aber geht es selbstbewusst
„an die Bouletten" im August.

Zumindest schärf ich mir das ein.
Nun ja, kann auch September sein,
selbst im Oktober ist noch Zeit.
Mein Gott, bis dahin ist 's noch weit!
Bestimmt schaff ich es bis November,
dann wird es knapp, denn im Dezember,
da geht zu Ende dieses Jahr
und alles ist noch wie es war.
Vorsätze waren für die Katz.
Das Jahr hat einfach keinen Platz!

So nimmt man halt fürs nächste Jahr
sich vieles vor, wie 's immer war,
schreibt wieder eine lange Liste
mit allem, was man machen müsste.
Und steht da auch das Gleiche drauf,
gibt man doch nie die Hoffnung auf.

Was ist das?

Meist ist sie krumm, nur selten grade,
man kennt sie gelb, man kennt sie grün,
meist schmeckt sie köstlich, manchmal fade
und ziemlich schnell ist sie dahin.

Im Winter wird sie gern genossen,
sie ist gesund, sie ist begehrt.
Wird 's warm, bekommt sie Sommersprossen,
Zeit, dass man schnellstens sie verzehrt.

He, graue Zellen!

Das Papier liegt bereit, der Kuli, die Brille ...
Die Lust, die ist da, auch die Zeit und der Wille.
Ich möchte ein kleines Gedichtchen schreiben,
um sinnvoll die kostbare Zeit zu vertreiben.

Es geht nicht. Zu dumm! Hab das Thema vergessen,
von dem ich doch nachts noch so richtig besessen!
Hab nicht mal den allerleisesten Schimmer.
So geht mir das oft, ich muss sagen: fast immer!

Was spielt sich da ab hinter meiner Stirn?
Wozu hat man eigentlich sein Gehirn?
Mein Gedächtnis ist längst nicht so fit wie früher ...
He, graue Zellen! Was macht ihr mit mir?

Da irrt man herum, überlegt unentwegt:
Wo hat man bloß was wieder hingelegt?
Hat man die Tabletten schon eingenommen?
Wann wollte doch gleich noch der Klempner kommen?

Hab ich schon Salz oder Pfeffer am Essen?
Kein Semmelmehl da? Schon wieder vergessen!
Was hat das Toilettenpapier gekostet?
Oje, das Gehirn ist schon halb verrostet!

Wie war bloß der Name von dem und dem Sänger?
Man grübelt und grübelt, braucht jedes Mal länger.
Wer schrieb doch noch schnell „Vom Winde verweht"?
Und wie heißt der Spruch, der am Reichstag steht?

Wie geht nur das Märchen vom „Drosselbart"?
Die Frühstückseier – schon wieder zu hart!
Wie viel Reis nimmt man eigentlich für zwei Tage?
Und wie macht man Champignons? Auch solche Frage!

Kochbuch und Lexika stehen im Schrank,
da findet man alles drin, Gott sei Dank!
Man wusste das meiste. Wie kann es nur sein:
Jetzt fällt einem nicht mal das Einfachste ein.

Wann ist der Geburtstag von dem oder der?
Und wo kommt denn nur dieses Buch wieder her?
In welchem Jahr waren wir in der Türkei?
Wann war die OP? Im April oder Mai?

Mitunter ist es ja wirklich ein Jammer,
da läuft man ins Bad anstatt in die Kammer
und fragt sich: Was wollte ich eigentlich dort?
Man hat es vergessen! Es ist einfach fort.

So wird man allmählich zum Tattergreis.
Und wenn man dann irgendwann nicht mal mehr weiß,
wo der Schiefe Turm von Pisa wohl steht,
dann ist es vorbei, dann ist es zu spät.

Da hilft kein Gedächtnistraining mehr,
dann ist das Gehirn vertrocknet und leer,
da hält sich auch nicht das geringste Wissen.
Dann weiß man es:

    Alois A. lässt grüßen.

Das war 's!

Vielleicht hat ja manch einem manches gefallen,
recht machen kann man es schließlich nicht allen.

Und die insgeheim etwas hämisch lachen,
die mögen es, bitteschön, besser machen.

Inhalt

Mal fällt es leicht – mal fällt es schwer	7
Schweinchens größter Wunschtraum	9
Das Schweinchen	10
Rat mal, wer ich bin!	11
Pech	12
Chaos	12
So was kommt von so was	13
Saure Gurke	13
Im eiskalten Januar	14
So ist das eben	16
Der Eisbär	16
Februar '88	17
Eine Nachtigall – im März?	18
Das Storchenpaar	18
Rekordverdächtig!	19
Wer liebt wen?	20
Teure Schnäppchen	23
Schüttelreim	24
Das wüßte ich schon gern!	25
Das Känguru	25
Übermut tut selten gut	26
Gassi gehen macht Freunde	30
Der Hobby-Laubenpieper	31
Pfiffig	32
Zuviel des Guten	32
Schlechter Traum	32
Geliebte Seepferdchen	33
Wann ist es soweit?	34
Verfrühter Frühlingsbote	35
Kunstvolle Ostereier	36
Der Fuchs	36
Wirbel um Wuschel	37

Praktisch	44
Hmm!	44
Blinder Passagier	45
Rentnerleben – schönes Leben	47
Brautwerbung	48
Der Hase und der Igel (etwas anders)	50
Klein, aber oho!	54
Der Regenwurm	54
Kuckuck im Garten	55
Ein Paar Schuhe?	56
Beleidigung	56
Der Floh	56
Fünf Limericks	57
Da ist der Wurm drin!	58
Mein Struppi	59
Moritz im Schuhladen	60
Eigentlich schade!	64
Strandläufer	64
Nächtlicher Besuch	65
Die Liebe hört nie auf	67
Lustiges Tierisches	68
Nicht alles geht	70
Mein Liebling	71
Dufte Düfte	72
Kennst du sie?	73
Hobby-Gärtners Lieblingsblumen	75
Der Maulwurf	75
Die Nachtigall	75
Einsicht	76
Fliegen ist gefährlich	76
Ein Mietshaus?	76
Der Albatroß	76
Ein Tag im Juni	77
Sommer-Idylle an der Havel	78

Ein Amsel-Sommer	*80*
Frauchens Liebling	*82*
Alligator im Garten	*83*
Der Keramikgartenwetterfrosch	*84*
Der Wetterhahn	*84*
Der Hund ist ein „Schwein"	*85*
Kater Purzel	*87*
Sechs Schüttelreime	*90*
Hungriger Elch	*91*
Böser Zwischenfall	*92*
Einbrecher	*93*
August-Regen	*95*
Ein heißer Sonntagmorgen	*96*
Ein Tier, ein Tier!	*97*
Fünf Limericks	*99*
Altweibersommer	*100*
Endlich wieder da!	*100*
Typisch Anfänger!	*101*
Mein „tolles" Gemälde!	*103*
Zum Weiterreimen	*104*
Schüttelreim	*105*
Zu früh gefreut	*106*
Oktobermorgen in der Stadt	*108*
Limericks	*108*
Ein Kürbis-Leben	*109*
Geschafft!	*111*
Immer dasselbe …	*111*
Das Kaninchen	*111*
Nach einer Zahn-Implantation	*112*
Zu ärgerlich!	*114*
Euro: Teuro! (2002)	*115*
Schwarzfahrer	*116*
Ehrlich!	*116*
Mein kleiner großer Weihnachtswunsch	*117*

Mein kleiner Weihnachtsbaum	*118*
„Alle Jahre wieder …"	*119*
Mein Scharbeutz	*122*
Die guten Vorsätze	*123*
Was ist das?	*124*
He, graue Zellen!	*125*
Das war 's!	*127*